KB238279

선별등재제도 도입에 대한
이해 관련 주체자의
인식 및 태도 분석

선별등재제도 도입에 대한
이해 관련 주체자의 인식 및 태도 분석

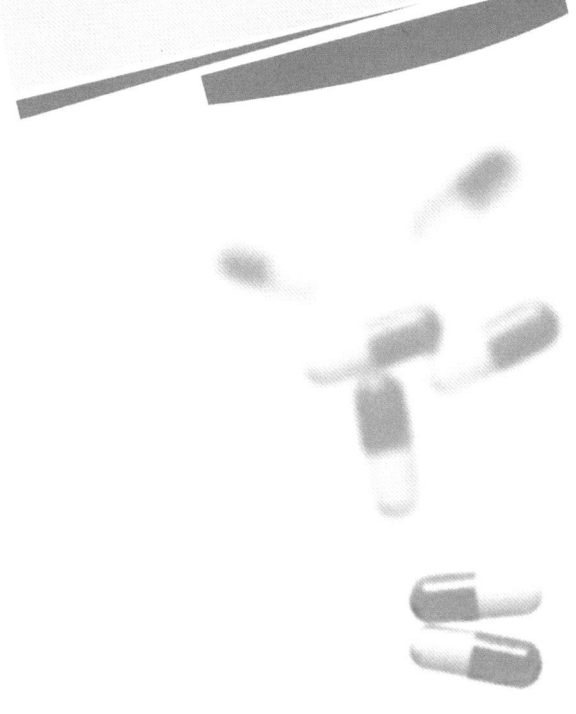

KSI 한국학술정보㈜

이 연구는 우리나라의 선별등재제도 도입에 대한 이해 관련 주체자의 인식 및 태도를 설문조사하고 분석하여 선별등재제도의 국내도입의 문제점에 대한 개선방안을 제시하는 것이다.

연구 방법은 기업과 공공으로 구분된 이해 관련 주체자의 선별등재제도 도입에 대한 인식 및 태도를 연구가설에 의거 분석 및 검증하고 구명하였다.

응답자의 소속특성별 선별등재제도 도입에 대한 인식 및 태도에 대하여 분석한 결과, 공공은 기업에 비해서 선별등재제도의 도입을 찬성하는 것으로 나타났고, 신속한 도입을 요구하였다. 또한 시행규칙 개정을 통한 약가협상권 부여에 찬성하였다. 기대효과에 대해서 공공은 5점 만점에 평균 3.32점으로 전체적으로 긍정적인 쪽에 가까웠다. 경제성 평가를 통한 비용 – 효과성이 높은 의약품의 사용을 장려하는지에 대한 인식은 가장 높은 4.18점이었다. 기업은 평균 2.29점으로 전체적으로 부정적인 쪽에 가까웠다. 의약품 시장이 개편되고 유통질서 확립 여건이 조성되는지에 대한 인식이 가장 높은 2.93점을 나타내었다.

이어서 응답자의 기업특성별 선별등재제도 도입에 대한 인식 및 태도에 대하여 분석한 결과, 연간매출액이 높을수록 도입 찬성비율이 다소 높아지는 경향을 보였을 뿐이지 비례해서 증가하지는 않았다. 전문약 판매비율과 신약 연구개발 비율도 마찬가지로 찬성비율과 비례하지는 않았다. 주 업무가 연구개발인 응답자도 상대적으로 찬성비율이 경미하게 높을 뿐이었다. 연간매출액과 전문약 판매비율 그리고 신약 연구개발 비율이 높을수록, 응답자 주 업무가 연구개발일수록 현재에 도입하는 것을 원하지 않았다. 연간매출액이 높은 기업일수록 기대효과에 대해서는 긍정적인 인식을 갖고 있었다. 전문약 판매비율과 신약 연구개발 비율이 높다고 기대효과에 있어서 긍정적인 의견을 표현하지는 않았다. 신약 연구개발 비율이 높은 기업이라고 할지라도 글로벌 신약을 창출할 수 있는 기업이 아직 없기 때문에 새로운 제도의 도입과 조기 도입에 대해서 불안감을 갖고 있는 것으로 해석할 수 있었다. 주 업무가 신약 연구 및 복제약 연구와 같이 연구개발에 종사하는 응답자들이 의료서비스의 질적 수준 향상과 신규 등재 진입 장벽 상승으로 인한 신약 개발 의지가 축소되지는 않을 것이라고 긍정적으로 보았다. 그러나 약가, 특허, 기타 등의 종사자들은 부정적인 입장을 보여 상반된 입장 차이를 나타냈다.

이 연구는 의약품 보험등재 결정의 수단이 되는 선별등재제도를 우리나라에 도입하는 정책과정에서 처음으로 이해 관련 주체자의 인식과 태도를 조사하고 분석 구명하였다는 데 의의가 있다. 향후 우리나라의 보험약가관리정책을 체계적으로 추진하기 위한 기초 자료로서 참고가 될 것이다.

향후 새로운 연구 방법과 연구분석틀의 개발을 통해서 구체적인 정책대안을 도출할 수 있는 후속연구로 이어져야 할 것이다. 보험약가관리정책 수립 시 보건정책과 제약산업정책의 양면에 있어서 정책적인 형평성이 충분하게 반영될 수 있는 근거를 마련해야 할 것이다. 선별등재제도의 장점을 살려나갈 수 있는 연구도 필요할 것이다. 이 연구에서 도출된 기업과 공공의 공통된 인식 및 태도를 제외하고 통계적으로 유의한 차이를 보였던 설문항목들의 개선방안을 정책 환류 과정에서 지속적으로 하나하나 구명해야 할 것이다. 선진국과 의약품 정책, 보건 의료 체계, 총 의료비 규모 등이 상이한 우리나라에서는 혁신적인 의약품의 연구개발에 대한 유인책을 확대해 나가야 할 것이다. 글로벌 제약 산업의 경쟁력 제고를 위한 보험약가관리제도의 보완정책 연구를 생각해 볼 수 있을 것이다.

차례

I 서 론

1. 연구 배경

의약품의 시판이 허가되고 보험 급여목록에 등재되어 약가가 산정된 이후 의사 처방에 따라서 환자에게 판매되기까지 일련의 과정에 있어서 의약품이 보험에 등재되는 것은 공급자에게는 첫 번째 관문이다. 보험자에게는 첫 번째 평가 업무가 될 뿐만 아니라 보험등재 결정 자체가 약가 결정 도구로 사용될 수 있기 때문에 매우 중요한 의미가 있다(박재현, 2004).

국민건강보험공단 등(2004)은 약제비 관리 방안 연구를 통해서 우리나라가 의약 분업 실시 이후의 건강보험 재정위기를 겪으면서 연구 수행한 보험약가관리제도 연구들이 주로 약제비 절감 방안과 관련하여 진행되었다고 지적하였다. 즉 약제비 사용의 정당성을 확보하기 위한 제도적인 검토가 미비한 선행 연구로서의 한계점이 있음을 강조하였다. 그 대안으로서 의약품 등재 과정과 약가 결정 과정을 이분화하여 신약이 시장에 진입할 때 유용성 및 비용 효과성의 평가를 거치는 선별등재제도(Positive List System)

의 도입을 주장하였다. 또한 비용 효과 분석 도구를 이용하여 현재의 비급여 목록 체계상의 의약품에서 급여목록 체계로의 점진적인 전환과 아울러 의약품 사용량 측면에서는 등재가 결정된 의약품을 대상으로 약가를 결정할 때 예상된 판매액을 초과할 경우 해당 의약품의 가격을 일정기간 후에 인하시키는 가격·양 연동 규제 제도(Price Volume Agreement)의 시행을 제안하였다.

뒤 이어서 보건복지부는 건강보험의 재정지출이 증가하고 있는 주요 원인이 약제비의 급격한 증가에 있다고 판단하였고, 2006년 5월 3일 '국민건강보험 약제비 적정화 추진 방안'을 수립 및 발표하였다. 약제비 적정화 방안(의약품 품질 강화, 의약품 유통 투명화, 보험의약품 가격 적정화, 의약품 사용량 적정화) 가운데 다른 정책은 큰 논란이 없었으나 현행 포괄등재제도(Negative List System)에서 선별등재제도로 전환, 복제약 약가 재조정, 사용량 -약가 연계 가격 재조정 등이 논란의 대상이 되었다. 이 중에서 선별등재제도의 경우에는 우선적으로 선별등재제도를 도입하고 기 등재되어 있는 의약품은 선별등재 목록에 등재된 것으로 간주하되 추후 점진적으로 선별하여 등재 품목 수를 줄여 나가겠다는 계획을 가지고 있다. 7월 26일에는 의약품의 선별등재제도 도입을 주요 내용으로 하는 '국민건강보험 요양 급여의 기준에 관한 규칙 개정안'이 입법 예고되었다. 또한 이 규칙의 시행 세칙의 마련을 위해서 '신의료기술 등의 결정 및 조정기준' 개정안이 입안 예고되었다. 11월 23일에는 규제개혁위원회 본 회의에서 보건복지부의 개정안이 거의 원안대로 통과됨으로써 제도 시행을 목전에 두게

되었다. 이를 구체적으로 실행에 옮기기 위한 경제성 평가방안도 준비하고 있다.

우리나라 선별등재제도의 도입 계획과 취지에 대한 각 이해 관련 주체자(stakeholder)[1]의 입장을 살펴보면 의료에 대한 정부의 개입을 최소화하자는 제약회사와 의사 측은 비판적인 입장에 서 있고 의료에 대한 정부의 적극적인 개입을 찬성하는 국민건강보험공단 측은 지지의 입장에 서 있는 대조적인 양상을 보이고 있다(5. 3 약제비 적정화 대책 정책 토론회, 2006). 선별등재제도가 갖고 있는 장단점에 대한 정확한 이해와 인식을 바탕으로 국민적인 합의 아래 이 제도의 도입이 이루어 져야 함에도 불구하고 이러한 논쟁은 계속되고 있다.

한편 지금 우리나라의 제약 산업은 1987년도 물질특허제도 도입에 대비하여 신약 연구개발을 시작했지만 산업적인 측면의 글로벌 경쟁력은 태동기에 불과하다. 우리나라 제약회사의 신약 연구개발 투자금액도 매출액 대비 다국적 제약 기업의 십분의 일에도 못 미치는 등 연구개발 자원의 확보에 있어서도 큰 차이를 보이고 있다. 또한 합리적인 보험약가관리체계의 틀 안에서 재투자 기반이 정착될 수 있는 여건도 미성숙되어 있다. 이제 우리나라도 신약 연구개발이 보건산업 전반에 미치는 파급효과를 인식하고 이에 걸맞은 신약 연구개발 촉진정책 수립의 이론적인 근거(evidence) 아래 제약 산업계와 연구개발 중심기업에 주어

---

[1] 정부의 정책으로부터 직접 영향을 받는 주요 이해 관련 주체자 (stake-holder)는 정부 및 정부 관련 기관, 보험자, 국민, 보건의료 제공자, 제약회사 등 다섯 개 집단으로 나눌 수 있다(Mrazek MF, 2001).

지는 인센티브를 혁신적인 투자와 연계시키는 보험약가관리정책으로 개선할 시점에 와 있다.

이미 선별등재제도의 시행을 비롯한 보험약가관리 전반에 거쳐서 다양한 경험을 갖고 있는 신약 연구개발 선진국들의 사례를 살펴보면 다국적 제약회사를 많이 보유하고 있는 미국의 경우에는 제약 산업의 발전과 신약 연구개발이 활성화되어 경제적 기여도를 높이고 있다. 그러나 프랑스와 같이 제약 기업의 시장이 주로 국내에 제한된 국가들은 의약품 규제 장치에 더 치중해 옴으로써 제약 산업의 발전과 혁신적인 신약 연구개발은 위축되고 있다(정형선 등 2003). 신약(혁신 및 개량 의약품)의 임상적, 의료경제학적 가치나 투자된 개발비와 무관하게 정부주도로 강한 보험약가관리(보험등재, 가격 결정, 비용 상환 등) 정책을 규제 차원에서 시행해 온 국가는 결국에 사회적, 경제적, 보건의료적인 손실을 고스란히 해당 국가의 국민이 떠안게 된다(이형기, 2005).

이에 본 연구를 통해서 선별등재제도 도입에 대한 각 이해 관련 주체자의 상반된 인식 및 태도를 분석함으로써 객관적인 측면에서 선별등재제도의 문제점을 명확하게 진단 구명 및 개선방안수립에 도움을 주고자 한다.

2. 연구 목적

이 연구의 목적은 우리나라의 선별등재제도 도입에 대한 이해 관련 주체자의 인식 및 태도를 조사하고 분석하여 선별등재제도의 국내도입의 문제점에 대한 개선방안을 제시하는 것이다.

구체적인 세부 연구목표는 다음과 같다.

첫째, 선별등재제도의 도입에 대한 이해 관련 주체자의 인식 및 태도를 조사한다.

둘째, 기업특성에 따른 선별등재제도의 도입에 대한 인식 및 태도의 차이점을 분석한다.

셋째, 선별등재제도 도입 시 예상되는 문제점을 구명하고 개선방안을 제시한다.

Ⅱ 이론적 배경

1. 우리나라의 약제비 적정화 방안과 선별등재제도 도입

일반적으로 국가는 의약품의 수요를 감소시키기 위하여 약가 관리제도를 규제 정책으로 시행하게 된다(표 1). 일례로서 보험 급여 의약품을 보험 비급여 의약품으로 전환시키는 것이 이에 해당한다. 이러한 규제 정책으로써 선별등재제도 또는 포괄등재 제도를 시행하거나 처방 의약품의 일정부분이나 고정비용을 환자가 부담하도록 하고 있다.

표 1. 주요 선진국의 의약품 규제 현황

약가 관리제도	국가명
선별등재제도 (Positive List System)	캐나다, 오스트리아, 네덜란드, 스위스, 노르웨이, 뉴질랜드, 프랑스, 스웨덴, 호주
포괄등재제도 (Negative List System)	오스트리아, 독일, 스웨덴, 영국, 일본, 독일, 터키, 한국
참조가격제도 (Reference Pricing System)	오스트레일리아, 벨기에, 덴마크, 독일, 프랑스, 뉴질랜드
가격확정제도 (Public Price Setting System)	호주, 벨기에, 캐나다, 덴마크, 핀란드, 그리스, 이탈리아, 룩셈부르크, 네덜란드, 포르투갈, 스페인, 스웨덴, 스위스
가격협상제도 (Public Price Negotiation System)	오스트리아, 프랑스, 아일랜드, 뉴질랜드
이익통제제도 (Public Profit Control System)	영 국

자료: 라인하르트 부세(Reinhard Busse), 의약품선별등재와 유사 규정: 의약품 급여
에 대한 비교평가, 제2회 외국 석학 Elias Mossialos and Reinhard Buesse 교수
초청 강연회 자료집: 2006. 6. 8: 서울: 국민건강보험공단: 2006.

포괄등재제도는 모든 허가 의약품이 시판 이전에 일단 보험등
재 여부를 보험자에게서 결정받아야 한다. 특별한 문제가 없는
한 모든 의약품을 급여 의약품으로 우선 보험등재하고 보험 상
환이 필요 없는 항목을 제외하고 있다. 이에 반해서 선별등재제
도는 의약품의 경제적 가치(비용 – 효과성)와 임상적 가치(안전
성, 유효성)를 주요 판단기준으로 비용 – 효과적인 의약품만 선별
하여 보험급여 등재하는 방식이다. 도입취지는 환자들에 대한 합
리적인 처방을 유도하고 보험재정을 건실화하며 유통질서 확립
여건을 조성하는 것이다(국민건강보험공단, 2006).

국민건강보험공단 등은 약제비 관리 방안 연구(2004)를 통해

서 "소비자인 환자들의 후생을 증대시키기 때문에 제약업계의 적응능력, 정치적 타당성, 통상압력, 소비자의 불편 혹은 선택 폭의 축소 등을 빌미로 우리나라의 선별등재제도의 도입을 늦추거나 무시한다면 그만큼 국민의 사회적인 부담이 늘어나게 되어 건강보험제도의 효율성은 떨어지게 될 것이다."라고 약제비 사용의 정당성에 대해서 보고한 바 있다.

그런데 현행 포괄등재제도에서 선별등재제도로 전환하는 목적이 약제비 절감 필요성의 위기감 때문이라는 정부 발표에는 이견들이 있다.

첫째, 단순한 보험진료비에서 차지하는 약제비 비중의 국제비교는 문제가 있다. 그림 1에서 살펴보면 OECD 통계로 비교(약제비에서 입원약제비는 제외)하는 것이 타당하다. 보험진료비에서의 약제비의 비중은 증가하고 있으나, 국민의료비에서 차지하는 약제비의 비중은 국민의료비의 증가로 인하여 점차 감소하고 있다. 특히 처방약제비의 비중은 안정적인 수준을 유지하고 있으며, 외국과 비교할 때 크게 높지 않다. OECD 국가에 비하여 다소 높은 것은 아직도 국민의료비가 OECD 국가에 비하여 낮기 때문이었다. 일부 연구 결과는 의료비 규모가 작은 국가일수록 약제비 비중이 높다는 것(의약품 가격은 국제적으로 비슷함)을 입증하고 있다. 문제는 보험비 급여 약제비의 비중이 우리나라가 OECD 국가들에 비하여 높다. 그런데 이는 한방 의약품이 보험비 급여에 포함되고 의료소모품 등이 OECD 평균에 비하여 높아서 나타난 결과이다. 보험진료비에서 약제비 비중이 높은 이유

는 노인인구의 약제비 비중과 약제비 가운데 조제료의 비중이
높고, 만성질환자의 증가로 인한 사용량의 증가와 신약 등의 처
방에 따른 고가 약 사용이 증가하고 있기 때문이다(이규식,
2006; 한국제약협회 2006).

그림 1. 2004년도 OECD 국가 1인당 약제비 점유율

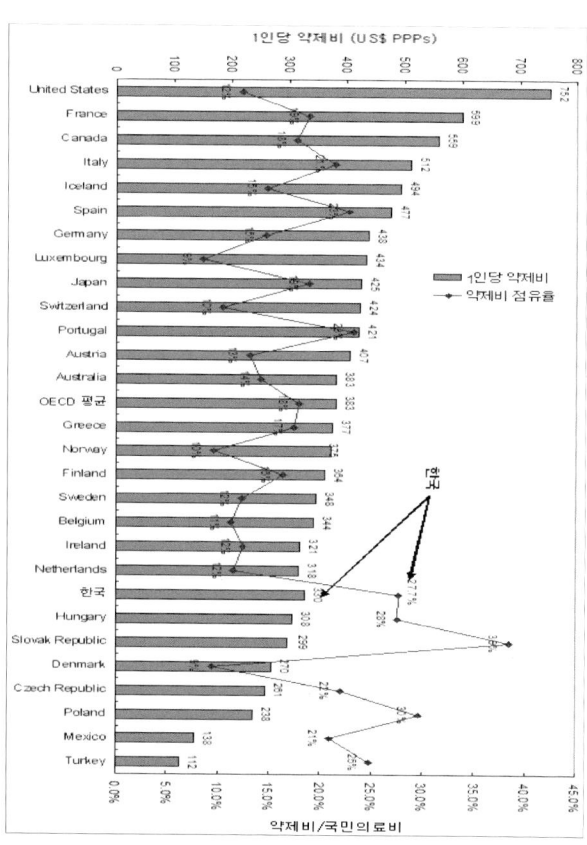

자료: OECD Health Data 2006 (June).
    (주) 한국은 2005 인구주택총조사 결과 반영

18

둘째, Mrazek 등의 분류를 따르면, '우리나라의 약제비 적정화 방안'의 핵심은 '직접적 수단을 동원한 약가 규제'로 볼 수 있다 (이형기, 2006).

그림 2. 의약품시장의 규제와 자율성

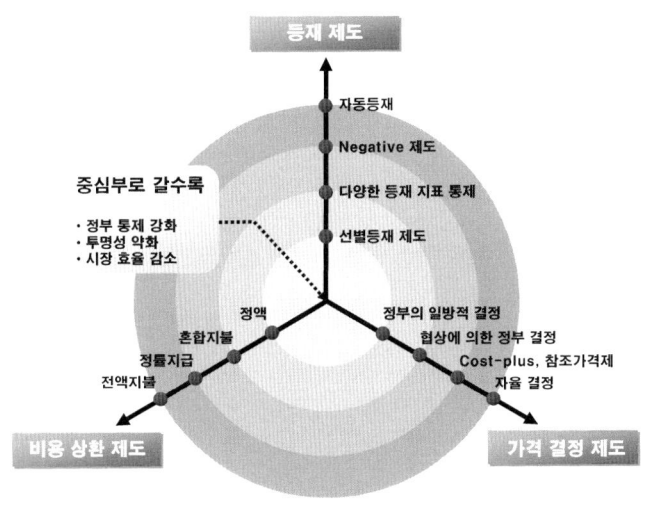

자료: 이규식. 약제비 적정화 방안에 대한 평가. 5. 3 약제비 적정화 대책 정책 토론회 자료집: 2006. 9. 18: 서울: 건강복지사회를 여는 모임: 2006.

다시 말하면, 선별등재제도는 경제학적인 측면에서 살펴볼 때 가장 강력한 규제수단의 하나임을 그림 2에서 알 수 있다. 제약 기업의 연구개발(R&D) 비용 회수에 부정적인 영향을 주게 될 것이다. 또한 시장의 선별기능을 도외시하게 되는 비효율도 발생 할 것으로 보인다. 표 2를 통해서 살펴보면 선별등재제도를 택한 국가로서 약제비가 절감되는 국가도 있으나 그렇지 못한 국가도 있음을 알 수 있다.

표 2. 주요 선진국의 1996년도 이후 보험등재제도별 약제비 증가율

구 분	US$ 기준		구매력 환산 US$ PPP[2] 기준	
	약제비 증가율 높은 국가	약제비 증가율 낮은 국가	약제비 증가율 높은 국가	약제비 증가율 낮은 국가
선별등재제도	호주 10.3% 네덜란드 8.2% 프랑스 5.6%	스위스 2.5% 뉴질랜드 2.3%	호주 9.5%. 네덜란드 9.0% 프랑스 6.4%	스위스 4.5% 뉴질랜드 1.0%
포괄등재제도	영국 8.7%	독일 2.1%	영국 6.7%	독일 3.9%

자료: 이규식. 약제비 적정화 방안에 대한 평가. 5. 3 약제비 적정화 대책 정책토론
회 자료집: 2006. 9. 18; 서울: 건강복지사회를 여는 모임: 2006.

즉 선별등재제도는 약제비 절감 효과와는 연관성이 없다. 선별등
재제도는 각 국가 의료보장제도와 결부되어 효과가 나타나기 때
문에 선별등재제도에 대한 실증적인 효과를 입증하기도 어렵다
(이규식, 2006). 이는 총 약제비의 지출이 가격과 소비량의 함수
라는 사실을 확인해 주고 있으며 약가 규제를 실시하는 나라에
서 약제비 지출이 감소된다고 볼 수는 없다(Ess 등, 2003). 그림
3을 살펴보면 약제비 지출은 약가와 약 소비량의 곱으로 결정될
뿐만 아니라 환자의 요구, 의사의 처방 행태, 그리고 의료보험의
급여 규정 등이 복잡하게 얽혀서 약 소비량을 결정한다는 것을
알 수 있다.

---

2) PPP(Purchasing Power Parity): 국가별로 같은 상품이나 서비스를
   구매하는 데 드는 비용을 각국의 통화로 나타낸 가격비를 표현한
   것으로서 OECD에서 발표하는 PPPs지표는 1 US$와 동일한 구매
   력을 가진 각 나라의 화폐가치를 나타낸 것임.

그림 3. 약제비 지출을 결정하는 공급자 및 수요자 요소

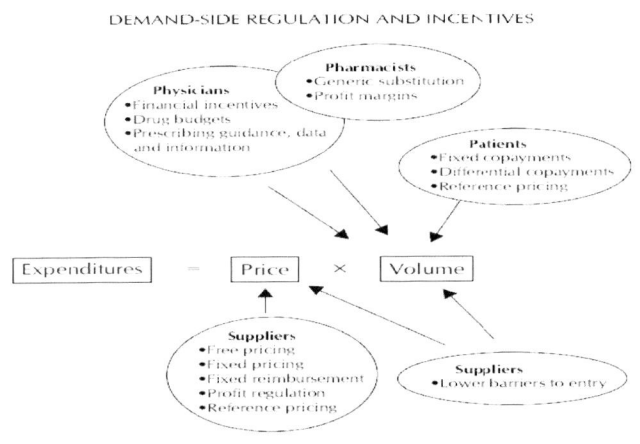

자료: Mrazek M. The impact of different regulatory frameworks on the post-patent pharmaceutical market of the United Kingdom, United States and Germany, 1990 to 1997 [dissertation]. London: London School of Economics and Political Science; 2001.

유럽의 강력한 국가 주도의 약가 규제 정책 지지자들이 흔히 인용하는 통계수치는 유럽의 일인당 약제비 소비가 미국보다 60% 낮고 이는 지난 1992년에 비해 거의 두 배나 된다는 것이 었다. 즉 약가 규제 정책에 따른 의약품의 저소비가 2002년 한 해에만 1,600억 달러의 비용 절감을 가져왔다고 주장하고 있다. 실제로 유럽 국가들의 약가는 미국보다 25~35% 정도 낮고, 유럽의 일인당 신약 사용 빈도도 미국보다 30% 낮다. 그러나 이러한 주장은 혁신적 신약의 개발과 사용을 통해 얻을 수 있는 가치를 총체적으로 고려하지 않고 오직 약가라는 관점에서만 접근한 매우 편협한 논지라는 사실이 2004 World Economic Forum에서 발표된 Bain & Company의 연구보고서에 의해서 밝혀졌다(이형기, 2005). 1992년 유럽에서 의약품 연구개발로 지출된 비용은 100억 달러였고, 미국은 90억 달러였다. 이후 10년 동안 미국에 근거를 둔 제약 기업은 연간 11%의 증가율로 의약품 연구개발에 투자해 2002년도에 그 비용이 총 260억 달러에 달했다. 그러나 같은 기간에 유럽의 증가율은 8%에 그쳐 2002년도 의약품 연구개발 비용은 210억 달러였다. 이렇게 된 데에는 유럽의 강력한 국가 주도형 약가 규제로 인해서 유럽에 근거를 둔 제약 기업의 본사가 점차 미국으로 이전되었고, 이는 바로 의약품 개발에 관련된 고부가가치 일자리의 상실로 이어졌다. 미국보다 일인당 약제비 소비가 40%나 낮은 독일의 경우를 예로 들면 철저한 국가 주도 약가 통제에 힘입어 2002년 190억 달러의 약제비 비용을 절감할 수 있었지만 여타 관련분야의 손실이 220억 달러가 되어 결국 30억 달러의 순 손실을 기록하였다(그림 4).

그림 4. 약가 규제에 의한 2002년도 독일의 경제적, 사회적 파장

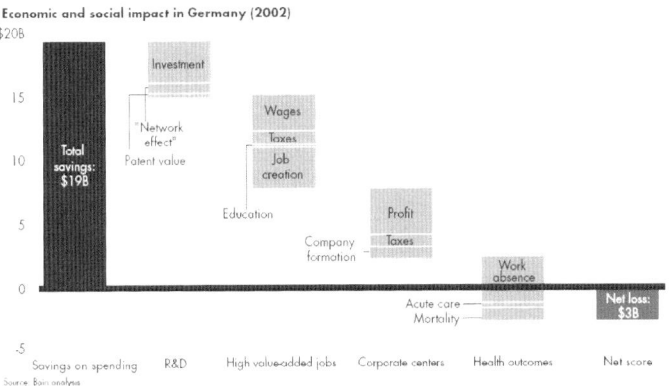

Economic and social impact in Germany (2002)

자료: Bain & Company, Inc, Addressing theInnovation Divide Imbalanced innovation, 2004.

한편 선별등재제도의 우리나라 도입 시 예상되는 파급효과는 첫째, 역기능적인 측면에서 보면 환자들이 새롭고 고가인 의약품을 접하는 데에 어려움이 발생할 것으로 보인다. 비급여 대상 약물을 100% 자부담으로 구매해야 하므로 건강보험에 지출하는 약제비는 감소하더라도 총 약제비의 규모는 오히려 증가할 수가 있다. 둘째, 순 기능적인 측면에서 보면 해당 의약품에 관련된 모든 근거자료를 종합하여 보험급여 여부의 판단에 활용할 수 있을 것이다. 보험자의 협상력이 강화되어 보험약품에 대한 급여정책을 보다 유리한 방향으로 시행할 수 있고, 보험의약품 관리 업무의 효율성을 증대할 수 있다. 셋째, 산업적인 측면에서는 오히려 보험등재 장벽이 높아지는 결과를 가져오게 될 것이다. 물

론 기업의 특성에 따라서 그 파급 영향은 차이를 보일 것이 예상되지만 자료 제출 부담과 생물학적 동등성 입증 부담이 과비용으로 증가하며 보험 업무에 대한 비중이 높아지고, 제품 간 가격경쟁이 심화됨으로써 연구개발 중심기업은 투자의욕을 고취시킬 수 있는 반면에 연구개발 능력이 떨어지는 기업은 도산 가능성으로 인해서 선별등재제도의 도입에 저항이 예상된다(한국보건사회연구원 등, 2005).

2. 우리나라의 선별등재제도 도입과 의약품의 경제성 평가

경제성 평가는 선택 가능한 몇 가지 대안에 대해, 비용(투입)과 결과(산출)를 동시에 비교 분석하는 평가방법이다. 즉 비용이 동일하다면 어느 대안이 더 큰 효과를 가져다줄 수 있는지, 혹은 동일한 효과를 얻는 데 비용이 더 적게 들어가는 대안은 어느 것인지를 확인하는 것이다. 경제성 평가는 그 특성상 자원배분을 위한 의사결정에 주로 사용된다. 보건의료 분야에서는 서로 다른 보건의료 사업들 간의 우선순위를 결정하는 경우나 의약품을 포함한 의료기술의 도입에 따른 경제적 가치를 평가하고자 할 때 사용된다. 등재단계에서부터 경제성 평가 결과를 제출하게 하여 등재여부 결정에 참조하는 국가들이 늘어나고 있고, 가격 결정에 참조하는 국가도 있다(표 3). 신기술 경제성 평가의 핵심은 비용이 저렴한 기술을 찾는 것이 아니라, 신기술의 효과가 비용에 상응하는 가치를 갖고 있는지, 즉 비용을 정당화시켜 줄 수 있을 정도로 효과를 가지는지를 평가하는 것이다(건강보험심사평가원, 2005).

표 3. 의약품 경제성 평가 연구의 공식적 활용 현황

분 류	국 가
경제성 평가자료를 공식적으로 요구	호주, 캐나다, 핀란드, 노르웨이, 이스라엘, 포르투갈, 벨기에 등
평가기구에서 직접 경제성 평가 수행	영국(NICE), 뉴질랜드(PHARMAC)
공식 요구사항은 아니나 향후 공식 요구사항이 될 예정	헝가리, 폴란드, 네덜란드 등
공식 요구사항은 아니나 등재 및 가격 결정에 활용	이탈리아, 스웨덴, 스페인, 스위스, 아일랜드, 독일

자료: 건강보험심사평가원. 의약품 보험급여제도에서 경제성 평가자료의 활용
　　　방안 및 평가지침 개발. 2005.

선별등재제도 실시 아래에서의 경제성 평가는 약의 가격 책정 및 상환 결정에서 중심적인 역할을 하고 있으며 경제성 평가는 분명하고 투명한 방법으로의 동 제도의 설정 방법을 제공하고 신약의 사회에 대한 추가적인 가치를 제공하는 기여를 하고 있다. 경제성 평가의 잠재적인 역할에 대해서는 상당한 혼란이 있다. 경제성 평가는 새로운 등급의 의약품 또는 특정조건에서의 최초의 의약품에 대한 결정을 내리는 데 특히 유용하지만 가격을 책정하는 것이 아니라 신약의 가치를 평가하는 데 있어서

도움을 줄 수 있을 뿐이다. 원칙적으로, 경제성 평가는 가격 대 비용(Value-for-Money) 고려가 중요한 환경에서의 가격 결정 및 상환결정에 관련이 있어야 한다(Drummond, 1997).

우리나라의 경제성 평가제도 도입을 위한 인프라 진단 및 도입 방향을 살펴보면 그림 5와 같다. 경제성 평가제도를 지금 당장 도입하기에 경제성 평가 수행이 가능한 인력이 절대적으로 부족하고, 검토인력 역시 부족하다는 점이 가장 큰 걸림돌이다. 따라서 당장 경제성 평가 결과 제출을 의무화하기보다는, 기존의 의사결정 시스템을 보완하는 차원에서 참고자료의 하나로 제출하게 하되, 자율적으로 실시하게 하여 기업이나 검토기관 모두 새로운 평가체계에 적응할 수 있는 충분한 기간을 두는 것이 필요하다. 다른 나라의 경험에 비추어 볼 때 경제성 평가 결과가 의사결정에 미치는 영향을 평가할 수 있는 기간으로서 2년여의 유예기간이 필요하다(건강보험심사평가원, 2005).

그림 5. 경제성 평가제도 도입을 위한 인프라 진단 및 도입 방향

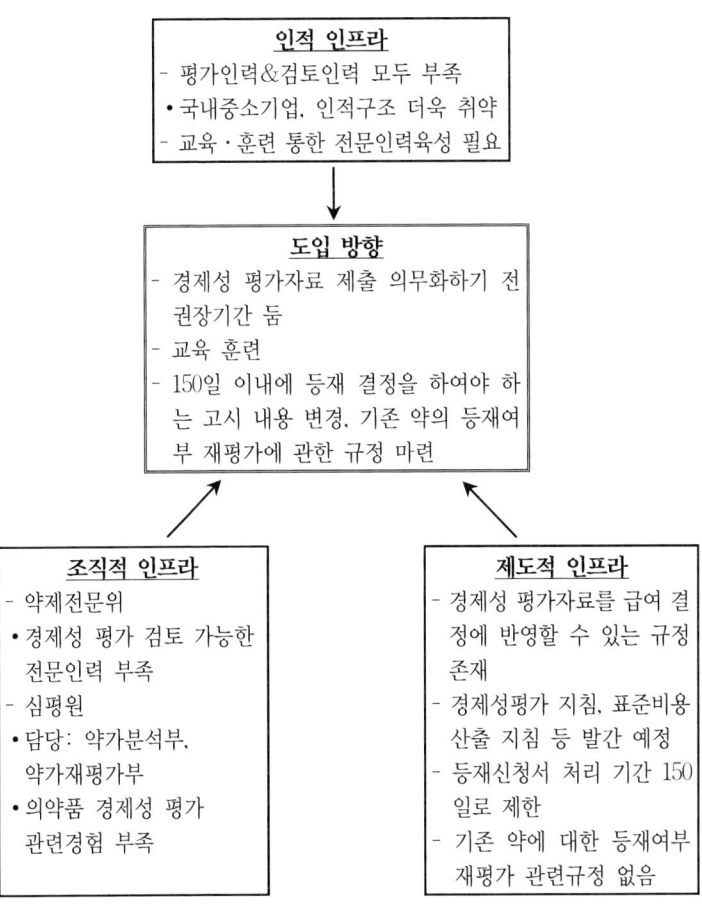

인적 인프라
- 평가인력&검토인력 모두 부족
• 국내중소기업, 인적구조 더욱 취약
- 교육·훈련 통한 전문인력육성 필요

도입 방향
- 경제성 평가자료 제출 의무화하기 전 권장기간 둠
- 교육 훈련
- 150일 이내에 등재 결정을 하여야 하는 고시 내용 변경, 기존 약의 등재여부 재평가에 관한 규정 마련

조직적 인프라
- 약제전문위
• 경제성 평가 검토 가능한 전문인력 부족
- 심평원
• 담당: 약가분석부, 약가재평가부
• 의약품 경제성 평가 관련경험 부족

제도적 인프라
- 경제성 평가자료를 급여 결정에 반영할 수 있는 규정 존재
- 경제성평가 지침, 표준비용 산출 지침 등 발간 예정
- 등재신청서 처리 기간 150일로 제한
- 기존 약에 대한 등재여부 재평가 관련규정 없음

자료: 건강보험심사평가원, 의약품 보험급여제도에서 경제성 평가자료의
활용방안 및 평가지침 개발, 2005.

한편 보험의약품의 급여 여부 결정이나 가격 결정 과정에서 경
제성 평가제도를 활용한다고 했을 때 긍정적 영향은 약물 이용의

합리성을 제고할 수 있다는 점이다. 제약 산업에 미치는 영향은 제약 기업에게 자료 생산의 부담을 안기게 된다. 다국적 기업의 경우에는 본사의 경험과 인력을 활용할 수 있지만, 국내기업의 경우에는 스스로 모든 부담을 감당하여야 한다. 그러나 장기적인 안목에서 보면 이러한 장벽들은 국내 제약 산업의 체질 강화에 도움이 될 수도 있다. 제품가치를 스스로 증명해 보임으로써 국내뿐만 아니라 세계시장을 개척하는 데도 긍정적으로 작용할 수 있다. 경제성 평가자료 제출이라는 국내시장에서의 진입 장벽은 이후 글로벌 시장에서 국내기업의 경쟁력을 높일 수 있는 간접적 수단이 될 수 있을 것이다(건강보험심사평가원. 2005).

Ⅲ 연구 방법

1. 연구 구성

본 연구는 그림 6과 같이 우리나라의 선별등재제도 개선방안을 제시하기 위하여 이해 관련 주체자를 대상으로 설문조사를 하였고, 기업과 공공으로 구분된 응답자의 인식 및 태도를 연구가설에 의거 검증하고 분석 구명하였다.

그림 6. 연구의 구성

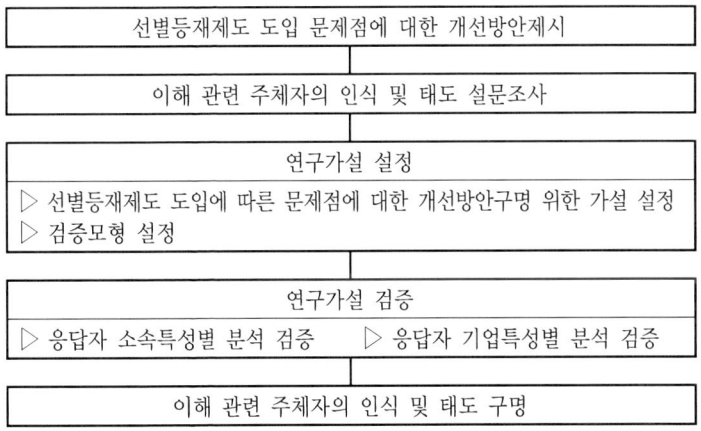

2. 연구 대상 및 범위

선별등재제도 도입의 이해 관련 주체자인 제약 산업계(국내기업, 외자기업, 화학·바이오벤처기업 담당자), 정부기관(국민건강보험공단, 건강보험심사평가원, 한국보건사회연구원 전문가), 대학교(보건대학원 등 전문가), 연구소(신약 연구개발 관련 출연연구원 중심 관계자), 기타(관련단체, 관계전문가)를 대상으로 하여 설문조사를 실시하였다.

설문조사 기간은 2006년 9월 28일~10월 11일까지 실시하였다. 조사는 문헌조사를 통해 개발된 구조화된 설문지를 이용하여 이메일과 팩시밀리를 통해서 설문서를 발송하고 회신을 받았다.

조사대상자는 국내기업(연구개발중심 제약 기업 및 그룹사 포함) 100명(45.5%), 외자기업 20명(9%), 바이오·화학벤처기업 20명(9%), 정부기관 40명(18%), 대학교 10명(4.5%), 연구소 10명(5%), 기타 20명(9%) 등 총 220명(100%)이다.

조사대상자의 표본 추출 방법은 첫째, 국내기업 100명은 연구소를 보유하고 우리나라에서 대표적으로 신약 연구개발 능력이 있는 한국신약개발연구조합(KDRA) 전 회원 53개 사 중 바이오·화학벤처기업 6개 사를 제외한 47개 사(그룹사 10개 사, 제약회사 37개 사)와 한국제약협회(KPMA) 회원 201개 사 중 한국신약개발연구조합 53개 회원사와 한국다국적제약산업협회(KRPIA) 26개 회원사 총 79개 사를 제외한 122개(이 중 한국바이오산업협회, 한국정밀화학공업진흥회 회원 일부 포함) 회원 중 의약품 연구개발을 하고 있는 53개 사를 선정하였다(이메일 또는 팩스 연락처가 불투명한 기업은 설문조사 전에 제외). 둘째, 외자기업 20명은 한국다국적제약산업협회 회원 26개 사 중에서 이메일과 팩스 회신이 가능한 20개 사를 선정하였다. 셋째, 바이오·화학벤처기업 20명은 한국신약개발연구조합 6개 회원사와 신약 연구개발 커뮤니티 안에서 기술거래사업 파트너십을 형성하고 있는 우리나라의 대표적인 신약 연구개발기술 보유 14개 사를 선정하였다. 넷째, 정부기관 40명은 국민건강보험공단, 건강보험심사평가원, 한국보건사회연구원의 보험약가관리 관련전문가를 선정하였다. 다섯째, 대학교 10명은 교수, 전문가를 중심으로 선정하였다. 여섯째, 연구소 10명은 신약 연구개발 관련 3개 출연연구기관인 한국화학연구원, 한국과학기술연구원, 한국생명공학연구원을 중심으로 선정하였다. 기타 20명은 관련 협회 및 시민단체 등을 중심으로 선정하였다.

기업별 조사대상자의 주 업무는 약가, 개발, 신약 연구, 복제(제네릭)약 연구, 특허, 기타 등 6개 분야였다.

설문 회신율은 27.3%로서 총 60부가 회수되었다. 응답자 60명 중 이해 관련 주체자별 응답률은 표 4와 같다. 회수된 설문지에 대하여 응답이 불충분한 사항은 회신이 가능한 응답자에 한해서만 이메일로 또는 팩시밀리로 확인하여 보완하였고, 이때 이 연구에서 의도하는 선별등재제도 도입의 의미를 정확하게 이해하도록 하기 위해서 추가 보충 설명을 하였다.

표 4. 이해 관련 주체자별 응답률

구 분	국내기업	외자기업	벤처기업	정부기관	학교	연구소	기타	계
조사 대상자	100명	20명	20명	40명	10명	10명	20명	220명
응답자	36명	6명	1명	10명	2명	0명	5명	60명
응답률	36%	30%	5%	25%	20%	0%	25%	27.3%

표 5. 설문조사서 구성 항목

설문 영역	설문 항목	질문유형
근무처 및 응답자 관련사항	-근무처 구분(국내/외자/벤처/정부/학교/연구소/기타) -연매출액 규모 -판매액 비율(전문의약품, 일반의약품) -R&D 비율(신약, 복제약)	폐쇄형 Checklist
선별등재제도 도입 시기	-선별등재제도 도입 찬·반 의견 -선별등재제도 도입 적절 시기	폐쇄형 Checklist
선별등재제도 도입에 따른 기대효과	-비용-효과성이 높은 의약품의 사용 장려 -효율적 자원배분으로 약제비 절감/보험재정 건실화 -의약품 시장 개편 및 유통질서 확립 여건 조성 -의료서비스의 질적 수준 향상 -효과·부작용 측면의 혁신성과 환자이익 가격 반영 -재평가 작업을 통한 의약품 사용의 합리성 제고 -미등재 전문의약품 처방 시 환자 본인 부담 증가 -건강보험 단일시장에서 의약품 퇴장·재산권 침해 -의사, 약사, 환자의 진료 및 의약품 선택 폭 축소 -신규등재 진입 장벽 상승으로 신약개발 의지 축소 -특허 기간 감소로 제약·BT 산업 R&D 감소 -사용량·약가연동제에 따른 기업 경영 자율성 침해	폐쇄형 Likert
선별등재제도 시행기반	-가장 시급한 시행기반의 문제점 -시행규칙의 개정을 통한 약가협상권 부여방안 찬반	폐쇄형 Checklist
선별등재제도 도입 여부에 따른 대안	-선별등재제도 도입 시 대안 -선별등재제도 미도입 시 대안	폐쇄형 Checklist
신약개발경쟁력 제고 보험약가관리제도 개선방안	-주관식 기술	개방형

설문도구는 연구목적에 맞추어 근무처 및 응답자 관련사항, 선별등재제도 도입 시기, 선별등재제도 시행에 따른 기대효과, 선별등재제도 시행기반, 선별등재제도 도입여부에 따른 대안, 신약개발 경쟁력 제고 위한 보험약가관리제도 개선방안 등 6개 설문영역, 총 23개 세부 설문항목으로 답변을 분류하여 폐쇄형 질문, 개방형 질문, Checklist형 질문과 Likert형 질문을 적절하게 사용하여 설문항목을 표 5와 같이 구성하였다.

수집된 자료는 SPSS(ver. 12.0)를 사용하여 통계 분석하였다.

3. 분석 방법

가. 검증모형

이 연구는 선별등재제도의 국내도입의 문제점 및 개선방안을 도출하는 데 그 목적이 있다.

선별등재제도의 국내도입에 대한 이해 관련 주체자를 기업과 공공으로 구분하고 이들 두 집단 간의 인식과 태도의 차이를 분석하고, 기업별 특성을 구체화하여 동 제도 도입의 파급효과를 측정한 선행연구와 비교 고찰하고자 하였다.

선별등재제도 도입에 대한 인식과 태도를 분석하고자 독립변수는 응답자 소속별 특성인 기업과 공공 여부, 응답자 기업별 특성인 연간매출액, 전문약 판매비율, 신약 연구개발 비율, 주 업무

등 5개 항목을 설정하고, 이러한 요인들로부터 영향을 받는 종속변수는 선별등재제도의 도입 찬반, 도입 시기, 시행기반 문제점, 시행규칙 개정을 통한 약가협상권 부여, 기대효과 등 5개 항목으로 구성하였다.

이 연구에서 검증하고자 하는 모형은 그림 7 연구분석틀과 같다.

우선적으로 선별등재제도 도입의 영향요인에 대해서 실증적인 방법의 조사와 분석을 수행하고자 기업과 공공을 대상으로 설문조사를 실시하였다.

이어서 응답자의 소속특성별 선별등재제도 도입에 대한 인식과 태도를 도입 찬반, 도입 시기, 시행기반 문제점, 시행규칙 개정을 통한 약가협상권 부여, 도입 시 대안, 미도입 시 대안 등 여섯 개 항목에 대해서 교차분석과 χ^2 검정을 통해 파악하였다. 또한 기대효과 정도에 대해서 기업과 공공의 소속별 차이를 파악하기 위하여 t-test를 진행하였다. 5점 척도로 측정되었으며 기대효과 문항 중 부정적인 문항은 역산 처리를 통하여 긍정적인 기대효과를 의미하게 하였다.

그림 7. 연구분석틀

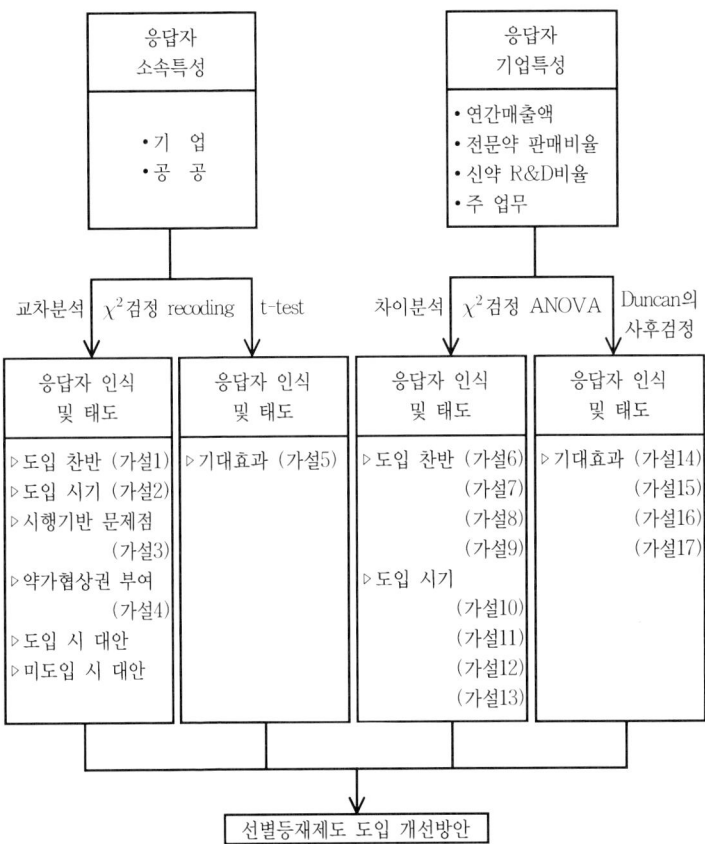

이어서 기업 응답자만을 대상으로 선별등재제도 도입에 대한 인식 및 태도를 기업특성별 찬반여부, 도입 시기 등 두 개 항목에 대해서 차이분석과 χ^2검정을 통해서 파악하였다. 또한 기대효과에 유의한 차이가 있는지를 파악하기 위하여 일원배치 분산

분석(ANOVA)을 진행하였다. 유의한 차이가 나타나는 경우에 Duncan의 사후검정을 통해서 차이가 나는 집단의 구성을 살펴보았다.

나. 연구가설

우리나라 선별등재제도의 도입 계획과 취지에 대한 각 이해관련 주체자의 입장을 살펴보면 의료에 대한 정부의 개입을 최소화하자는 제약회사와 의사 측은 비판적인 입장에 서 있고 의료에 대한 정부의 적극적인 개입을 찬성하는 국민건강보험공단 측은 지지의 입장에 서있는 대조적인 양상을 보이고 있었다(5. 3 약제비 적정화 대책 정책 토론회. 2006).

이에 이론적 고찰과 대비하여 설문조사 결과에 대한 객관적인 구명을 하고자 하였다. 다음과 같이 응답자의 소속특성별 선별등재제도 도입에 대한 인식 및 태도, 응답자의 기업특성별 선별등재제도 도입에 대한 인식 및 태도의 2개 분야로 구분하여 가설을 설정하였다.

가설 설정에서 중복응답을 허용함으로써 유의성 차이를 검증할 수 없는 도입 시 대안 및 미도입 시 대안 항목은 제외하였다.

○ 응답자의 소속특성별 선별등재제도 도입에 대한 인식
  및 태도(가설 1~5)

국민건강보험공단 등(2004)은 보험자의 합리적인 약가관리 차
원에서 유용성 및 비용 효과성의 평가 없이 등재되어 오던 현
보험제도의 급여목록 체계를 전면 재검토하였다. 적절한 수의 의
약품 종류로 대다수의 환자를 적정 치료할 수 있는 급여목록을
작성하는 것이 약제비 절감 방안임을 결론짓고 대다수의 선진국
에서 시행하고 있는 선별등재제도를 우리나라에 도입할 것을 제
안하였다.

그러나 이규식(2006)은 선별등재제도를 도입한 국가로서 약제
비를 절감하는 국가도 있으나 그렇지 못한 국가도 있음을 전제
하고 선별등재제도는 약제비 절감 효과와 큰 관계가 없으며
2006년도 선별등재제도 도입의 약제비 절감 효과 평가 논쟁 역
시 각 국가 의료제도와 결부되어 효과가 나타나기 때문에 그 실
증적인 효과를 입증하기가 어렵다는 것을 발표하였다.

Schwermann 등(2003)도 의약품 지출의 규제를 위한 두 개의
추가적 도구를 선별등재제도와 포괄등재제도로 설정하고 독일의
경우에 2003년도 선별등재제도 도입 시도에 있어서 최소한 의사
를 더 많이 법적 보호할 수 있는 확대된 현행 포괄등재제도와
비교할 때 별 차이가 없는 것으로 결론지었다.

강창원(2006)도 독일의 경우 이미 1995년 및 2003년 두 차례
의 선별등재 방식 도입을 실패하였고 현재 선별등재 방식이 잘

운영된다는 스위스도 보험방식이 우리나라와 다르기 때문에 스위스가 성공했다고 우리도 반드시 성공한다는 보장이 없다고 발표하였다.

Drummond 등(1997)의 연구에 의하면 선별등재제도 실시 아래에서 경제성 평가는 의약품 가격 결정 및 비용 상환 결정에서 신약의 가치를 평가하는 중심적인 역할을 할 뿐이지 가격 결정을 하는 것이 아니라는 것을 지적 강조하였다.

건강보험심사평가원(2005)은 선별등재제도 도입에 따른 경제성 평가에 대하여 보험의약품의 급여 여부 결정이나 가격 결정 과정에서 경제성 평가제도를 활용한다고 했을 때 긍정적인 영향은 약물 이용의 합리성을 제고할 수 있다는 점을 들고 있었다. 반면에 제약 산업에 미치는 영향은 제약 기업에게 자료 생산의 부담을 안기게 된다고 하였다. 다국적 기업은 본사의 경험과 인력을 활용할 수 있지만. 국내기업은 스스로 모든 부담을 감당하여야 한다고 지적했다. 경제성 평가자료 제출이라는 국내시장에서의 진입 장벽은 이후 글로벌 시장에서 국내기업의 경쟁력을 높일 수 있는 간접적 수단이 될 수 있을 것이라고 강조하였다. 그러나 선진국의 경험에 비추어 경제성 평가 결과가 의사결정에 미치는 영향을 평가할 수 있는 기간으로서 2년여의 유예기간이 필요하다고 보고하였다.

한편 이형기(2005)는 신약(혁신 및 개량 의약품)의 임상적. 의료경제학적 가치나 투자된 개발비와 무관하게 정부주도로 강한 보험약가관리(보험등재. 가격 결정. 비용 상환 등)정책을 규제

차원에서 시행해 온 국가는 결국에 사회적, 경제적, 보건의료적인 손실을 고스란히 해당 국가의 국민이 떠안게 된다고 지적하였다.

이상의 논리에 기초하여 다음과 같이 가설을 설정하였다.

가설 1: 공공은 기업에 비해서 선별등재제도의 도입을 찬성할 것이다.

가설 2: 공공은 기업에 비해서 선별등재제도의 도입 시기에 있어서 신속한 도입을 찬성할 것이다.

가설 3: 공공은 기업에 비해서 선별등재제도의 시행기반 문제점에 대해서 긍정적 의견을 표현할 것이다.

가설 4: 공공은 기업에 비해서 시행규칙 개정을 통한 약가협상권 부여에 찬성할 것이다.

가설 5: 공공은 기업에 비해서 선별등재제도 도입에 따른 기대효과에 대해서 긍정적 의견을 표현할 것이다.

○ 응답자의 기업특성별 선별등재제도 도입에 대한 인식
  및 태도(가설 6~17)

국민건강보험공단(2005)은 제약시장의 다양한 규제는 독점판매권으로 누릴 수 있는 경제이윤을 완충하는 데 목적이 있지만 규제는 신약 시판 소요 비용을 보상하기 위해서 너무 엄격해서는 안 된다고 지적하였다.

Thomas(1992)도 제약 기업이 혁신적 의약품 후보물질을 발견하고 이를 개발하는 능력은 한 국가의 제약 환경이 경쟁을 어느 정도로 진작하느냐에 달려 있다고 지적하였다.

Vernon(2005)도 제약 가격을 규제하는 가상의 미국 정책의 효과 검증을 통해서 산업 R&D 투자 강도를 23.4%에서 32.7% 사이로 감소시킬 것으로 예측하였다. 제약 가격의 규제가 예상 수익 효과와 현금 흐름 효과를 초래하는 이들 두 경로 모두를 통하여 연구개발 투자에 영향을 미치는 것으로 구명하였다.

한편 이규식(2006)은 선별등재제도를 경제학적인 측면에서 볼 때 가장 강력한 규제수단의 하나라고 규정짓고 있다. 보험등재에서 제외되는 의약품은 시장에서 퇴출될 가능성이 높고 등재되는 치료 영역에서 신약 연구개발을 억제시키게 됨으로써 제약 기업의 연구개발 비용 회수에 부정적인 영향을 주게 된다고 하였다. 미등재 의약품 처방 시 환자부담 증가와 정부에 의한 퇴출 제도로서 시장의 선별기능이 약화되는 비효율이 발생하게 된다고 발표하였다.

김성옥(2005)의 발표에 의하면 선별등재제도와 참조가격제를 시행하고 있는 프랑스는 2003년도부터 혁신의약품에 대해 일정 기간 동안 자유가격제를 허용한다는 조항을 추가함으로써 신약 연구개발을 지원하기로 하였다. 선별등재제도와 가격 결정 제도를 시행하고 있는 스위스는 획기적인 약제 또는 치료효과상 장점이 있는 신약은 혁신성 가산점(Innovation Bonus)의 5~30% 범위 내에서 인센티브를 부여하였다.

정형선 등(2003)은 다국적 제약 기업을 많이 보유하고 있는 미국의 경우에는 제약 산업의 발전과 신약 연구개발이 활성화되어 경제적 기여도를 높이고 있다고 지적하였다. 반면에 프랑스와 같이 제약 기업의 시장이 주로 국내에 제한된 국가들은 의약품 규제 장치에 더 치중해 옴으로써 제약 산업의 발전과 혁신적인 신약 연구개발은 위축되고 있음을 Ess 등(2003)은 지적하였다.

한국보건사회연구원 등(2005)도 선별등재제도 도입을 제약업계에 미치는 영향 측면에서 보면 오히려 보험등재 장벽이 높아지는 결과를 가져오게 될 것으로 예측하고 있었다. 물론 기업의 특성에 따라서 파급 영향은 차이를 보일 것이 예상되지만 자료 제출 부담과 생물학적 동등성 입증 부담이 과비용으로 증가하며 보험 업무에 대한 비중이 높아지고 제품 간 가격경쟁이 심화됨으로써 연구개발 중심기업은 투자의욕을 고취시킬 수 있는 반면에 연구개발 능력이 떨어지는 기업은 도산 가능성으로 인해서 선별등재제도의 도입에 저항이 예상된다고 보고하였다.

이상의 논리에 기초하여 다음과 같이 가설을 설정하였다.

가설 6: 연간매출액이 높은 기업일수록 선별등재제도 도입에 찬성할 것이다.

가설 7: 전문약 판매비율이 높은 기업일수록 선별등재제도 도입에 찬성할 것이다.

가설 8: 신약 R&D 비율이 높은 기업일수록 선별등재제도 도입에 찬성할 것이다.

가설 9: 주 업무가 연구개발인 응답자일수록 선별등재제도 도입에 찬성할 것이다.

가설 10: 연간매출액이 높은 기업일수록 선별등재제도의 도입 시기를 현재로 하는 데 찬성할 것이다.

가설 11: 전문약 판매비율이 높은 기업일수록 선별등재제도의 도입 시기를 현재로 하는 데 찬성할 것이다.

가설 12: 신약 R&D 비율이 높은 기업일수록 선별등재제도의 도입 시기를 현재로 하는 데 찬성할 것이다.

가설 13: 주 업무가 연구개발인 응답자일수록 선별등재제도의 도입 시기를 현재로 하는 데 찬성할 것이다.

가설 14: 연간매출액이 높은 기업일수록 선별등재제도 도입에 따른 기대효과에 대해서 긍정적 의견을 표현할 것이다.

가설 15: 전문약 판매비율이 높은 기업일수록 선별등재제도 도입에 따른 기대효과에 대해서 긍정적 의견을 표현할 것이다.

가설 16: 신약 R&D 비율이 높은 기업일수록 선별등재제도 도입에 따른 기대효과에 대해서 긍정적 의견을 표현할 것이다.

가설 17: 주 업무가 연구개발인 응답자일수록 선별등재제도 도입에 따른 기대효과에 대해서 긍정적 의견을 표현할 것이다.

다. 변수 설정

각각의 가설에 대한 독립변수와 종속변수 설정은 표 6과 같다.

표 6. 가설별 독립변수와 종속변수 설정

구 분	독립변수	종속변수
가설 1	기업과 공공 여부	도입 찬반
가설 2	기업과 공공 여부	도입 시기
가설 3	기업과 공공 여부	시행기반 문제점
가설 4	기업과 공공 여부	시행규칙 개정을 통한 약가협상권 부여
가설 5	기업과 공공 여부	기대효과
가설 6	연간매출액	도입 찬반
가설 7	전문약 판매비율	도입 찬반
가설 8	신약 R&D비율	도입 찬반
가설 9	주 업무	도입 찬반
가설 10	연간매출액	도입 시기
가설 11	전문약 판매비율	도입 시기
가설 12	신약 R&D비율	도입 시기
가설 13	주 업무	도입 시기
가설 14	연간매출액	기대효과
가설 15	전문약 판매비율	기대효과
가설 16	신약 R&D비율	기대효과
가설 17	주 업무	기대효과

라. 조사대상자의 일반적 특성

총 60개의 기관 근무자로부터 유효한 응답을 받았으며 근무처의 특성별로 보면 국내기업, 벤처기업, 외자기업 등 기업에 속한 응답자가 43명(71.7%)인 반면 정부, 학교, 연구소, 기타 등 상대적으로 공공의 입장을 대변하는 응답자는 본 연구에서는 공공으로 분류하였으며 총 17명(28.3%)이 해당되었다.

다음으로 연간매출액을 보면 100-500억 원 미만이 15명(23.3%), 500-1,000억 원 미만은 11명(18.3%), 1,000-2,000억 원 미만은 9명(15.0%), 2,000억 원 이상은 9명(15.0%)으로 각각 분포되어 있었으며 공공은 매출액에 해당이 없으므로 17명(28.3%)은 해당 없음으로 분류되었다.

제품의 판매액을 전문약과 일반약으로 분류하고 구성비율의 수준을 상급·중급·하급으로 정하되 응답자 수를 감안하여 하급을 70% 미만, 중급을 70-90% 미만, 상급을 90% 이상으로 분류하였다. 그중 전문약의 판매비율을 기준으로 파악한 결과 70% 미만이 11명(18.3%), 70-90% 미만은 17명(28.3%), 90% 이상은 15명(25.0%)으로 나타났고, 공공은 해당 없음 17명(28.3%)으로 분류되었다.

다음 R&D비율의 경우 신약과 복제약으로 분류하고 구성비율의 수준을 상급·중급·하급으로 정하되 응답자 수를 감안하여 하급을 50% 미만, 중급을 50-90% 미만, 상급을 90% 이상으로 분류하였다. 50% 미만이 17명(29.3%), 50-90% 미만은 14명(23.3%), 90% 이상은 12명(20.0%)이었으며 해당 없음 공공 17명(28.3%)으로 각각 구성되어 있었다.

다음 응답자들의 주 업무로 보면 약가 12명(20.0%), 개발 14명(23.3%), 신약 연구 7명(11.7%), 복제(제네릭)약 연구 5명(8.3%), 특허 4명(6.7%), 기타는 18명(30.0%) 등으로 각각 나타났으며 기타에는 대부분 정부 응답자들이 속해 있었다(표 7).

표 7. 조사대상자의 일반적 특성

변 수	구 분	빈 도 (명)	비 율 (%)
근무처	기업(국내, 벤처, 외자)	43	71.7
	공공(정부, 학교, 연구소, 기타)	17	28.3
연간 매출액	100-500억 미만	14	23.3
	500-1,000억 미만	11	18.3
	1,000-2,000억 미만	9	15.0
	2,000억 이상	9	15.0
	해당 없음	17	28.3
전문약 판매비율	70% 미만	11	18.3
	70%-90% 미만	17	28.3
	90% 이상	15	25.0
	해당 없음	17	28.3
신약 R&D 비율	50% 미만	17	29.3
	50-90% 미만	14	23.3
	90% 이상	12	20.0
	해당 없음	17	28.3
주 업무	약 가	12	20.0
	개 발	14	23.3
	신약 연구	7	11.7
	복제(제네릭)약 연구	5	8.3
	특 허	4	6.7
	기 타	18	30.0
전 체		60	100.0

Ⅳ 연구 결과

1. 응답자의 소속특성별 선별등재제도 도입에 대한 인식 및 태도

응답자의 소속특성별 선별등재제도 도입에 대한 인식 및 태도를 도입 찬반, 도입 시기, 시행기반 문제점, 시행규칙 개정을 통한 약가협상권 부여, 도입 시 대안, 미도입 시 대안 등 여섯 개 항목에 대해서 교차분석을 통해 파악한 결과는 표 8과 같다.

먼저 기업과 공공의 도입 찬성여부를 보면 기업은 79.1%가 반대한 반면, 공공은 82.4%가 찬성하여 입장 차이가 명확하였으며, 이러한 차이는 통계적으로도 유의하였다(p⟨0.001).

도입 시기에서는 기업이 '글로벌 경쟁력 구축 이후'(44.2%)와 '경제성 평가기반 구축 이후'(34.9%)에 대부분 응답한 반면, 공공은 '경제성 평가기반 구축 이후'(41.2%)와 '현재'(35.3%)에 더 많이 응답하여 공공이 신속한 도입을 더 요구하였다. 또한 이러한 도입 시기에 대한 차이는 유의하였다(p⟨0.01).

가장 시급한 시행기반의 문제점에서는 '데이터 미확립'이 문제라는 응답이 26명(43.3%)으로 가장 많이 나타났고, 다음으로 '객관적인 평가기관의 지정' 15명(25.0%), '경제성 평가전문가 부족' 10명(16.7%), '기업의 인적자원 부족' 6명(10.5%), 다음 기타가 3명으로 파악되었다. 또한 응답자 소속특성에 따라서는 이러한 문제점에 유의한 차이를 보이고 있지 않아(p>0.05), 전체 응답과 유사한 문제점을 지적하고 있다고 볼 수 있었다.

표 8. 응답자의 소속특성별 선별등재제도 도입에 대한 인식 및 태도(1)

변 수	구 분	전체(n=60)	기업(n=43)	공공(n=17)	χ^2
도입 찬반	찬 성	23(38.3)	9(20.9)	14(82.4)	19.455***
	반 대	37(61.7)	34(79.1)	3(17.6)	
도입 시기	현 재	8(13.3)	2(4.7)	6(35.3)	12.040**
	경제성 평가기반 구축 이후	22(36.7)	15(34.9)	7(41.2)	
	글로벌 경쟁력 구축 이후	22(36.7)	19(44.2)	3(17.6)	
	기타	8(13.3)	7(16.3)	1(5.9)	
시행기반 문제점	데이터 미확립	26(43.3)	16(37.2)	10(58.8)	2.608
	경제성 평가전문가 부족	10(16.7)	8(18.6)	2(11.8)	
	기업의 인적자원 부족	6(10.0)	5(11.6)	1(5.9)	
	객관적 평가기관 지정	15(25.0)	12(27.9)	3(17.6)	
	기 타	3(5.0)	2(4.7)	1(5.9)	
약가협상 권 부여	찬 성	10(16.7)	4(9.3)	6(33.3)	5.926*
	반 대	50(83.3)	39(90.7)	11(64.7)	

변 수	구 분	전체(n=60)	기업(n=43)	공공(n=17)	χ^2
도입 시 대안	시범사업 후 결정	16(19.8)	8(13.8)	8(34.8)	복수응답
	참조가격제 도입	5(6.2)	5(8.6)	0(0.0)	
	객관적 평가 마련	14(17.3)	8(13.8)	6(26.1)	
	신약개발 약가제도 기반	16(19.8)	13(22.4)	3(13.0)	
	유예기간 재검토	28(34.6)	23(39.7)	5(21.7)	
	기타	2(2.5)	1(1.7)	1(4.3)	
	전체	81	58	23	
미도입 시 대안	포괄등재제도 확대 시행	8(11.1)	4(7.7)	4(20.0)	복수응답
	보험등재 품목 수 감축	29(40.3)	19(36.5)	10(50.0)	
	필요 양 복용 지도 개발	10(13.9)	9(17.3)	1(5.0)	
	경미질환 본인부담 인상	9(12.5)	7(13.5)	2(10.0)	
	투명사회·유통구조 개선	16(22.2)	13(25.0)	3(15.0)	
	전체	72	52	20	

* $p<0.05$ ** $p<0.01$ *** $p<0.001$

시행규칙 개정을 통한 약가협상권 부여에는 기업의 90.7%가 대부분 반대한 반면, 공공은 64.7%만 반대하였으며, 기업과 공공 찬반여부는 통계적으로 유의하였다($p<0.05$).

도입 시 대안에 대해서 복수응답으로 파악한 결과 기업은 '유예기간 재검토'(39.7%)에 가장 많은 응답을 한 반면, 공공은 '시범사업 후 결정'(34.8%)에 가장 많은 응답을 하여 차이를 보였다. 그러나 복수응답이므로 통계적 차이의 유의성 검증은 적용하지 않았다. 한편 전체 응답을 보면 '경제성 평가 인프라 구축, 다보험 체계 구축 등 다양한 문제점들이 상당부분 해소될 때까지 유예기간을 두고 도입여부 재검토'가 가장 많은 28명(34.6%)이었고, '특정 연령군, 집단(노인질환, 의료급여 등)에 대해 일정기간 시범사업 후 평가 결과를 토대로 확대 여부 결정'과 '국가 미래성장 동력산업 BT 산업의 핵심인 신약개발의 재투자 약가제도 기반 조성'이 각각 16명(19.8%)이었으며, 다음 '각 보건의료 관련 통계자료의 정비 및 사전공개를 전제로 공정하고 객관적인 의약품 경제성 평가 기준·지침 마련'이 14명(17.3%), '참조가격제 도입 필요'가 5명(6.2%)으로 각각 파악되었다. 또한 기타 응답이 2명(2.5%)으로 나타났다.

마지막으로 미도입 시 대안의 경우, 기업과 공공 모두 '보험등재 품목 수 감축'에 가장 많은 응답을 보였다. 그러나 복수응답이므로 통계적 차이의 유의성 검증은 적용하지 않았다. 한편 전체 응답을 보면 '약효 재평가제도와 연동한 허가 갱신제를 통해 의약품 보험등재 품목 수 감축'이 29명(40.3%)으로 가장 많았으며, 다음 '제약업계, 의·약계의 투명사회 협약 및 유통구조 개선'이 16명(22.2%), '국민이 필요한 의약품을 필요한 양만큼 복용토록 하는 행정 지도 및 시스템 개발'은 10명(13.9%), '경미한 질병에 대한 본인부담률 인상'은 9명(12.5%), '포괄등재제도를 확대 시행'은 8명(11.1%)으로 각각 파악되었다.

이어서 선별등재제도 도입에 대한 기대효과 정도에 대해서 소속(기업, 공공기관)별로 차이를 보이는지를 t-test를 통해서 파악한 결과는 표 9와 같다.5점 척도로 측정되었으며 본 기대효과 12개 문항 중 부정적 문항(⑦번~⑫번)은 역산처리를 통하여 응답 값이 높을수록 긍정적인 응답으로 하였다. 2점 이하 응답자를 부정적인 인식을 갖고 있다고 보았으며, 4점 이상 응답자는 긍정적으로 인식하고 있다고 보았다.

표 9. 응답자의 소속특성별 선별등재제도 도입에 대한 인식 및 태도(2)

문 항	전 체 (n=60)	기 업 (n=43)	공 공 (n=17)	t-value
① 비용-효과성이 높은 의약품의 사용 장려	3.25	2.88	4.18	-5.567***
② 효율적 자원배분으로 약제비 절감 /보험재정 건실화	2.87	2.56	3.65	-3.400**
③ 의약품 시장 개편 및 유통질서 확립 여건 조성	3.12	2.93	3.59	-2.171*
④ 의료서비스의 질적 수준 향상	2.60	2.30	3.35	-3.913***
⑤ 효과·부작용 측면의 혁신성과 환자이익 가격 반영	2.70	2.47	3.29	-3.173**
⑥ 재평가 작업을 통한 의약품 사용의 합리성 제고	2.97	2.70	3.65	-3.233**
⑦ 미등재 전문의약품 처방 시 환자 본인 부담 증가	1.88	1.70	2.35	-2.865**
⑧ 건강보험 단일시장에서 의약품 퇴장·재산권 침해	2.25	1.88	3.18	-5.129***
⑨ 의사, 약사, 환자의 진료 및 의약품 선택폭 축소	2.28	1.98	3.06	-3.780***
⑩ 신규등재 진입 장벽 상승으로 신약개발 의지 축소	2.25	1.88	3.18	-4.333***
⑪ 특허기간 감소로 제약·BT 산업 R&D 감소	2.57	2.40	3.00	-1.722
⑫ 사용량·약가연동제에 따른 기업 경영 자율성 침해	2.28	1.86	3.35	-4.520***
전체 기대효과 평균	2.58	2.29	3.32	-5.091***

* p<0.05   ** p<0.01   *** p<0.001

주1) ①항~⑥항: 5점 매우 그렇다. 4점 그렇다. 3점 그저 그렇다. 2점 그렇지 않다. 1점 전혀 그렇지 않다.

주2) ⑦항~⑫항: 5점 전혀 그렇지 않다. 4점 그렇지 않다. 3점 그저 그렇다. 2점 그렇다. 1점 매우 그렇다.

분석결과를 보면, ⑪번(특허기간 감소로 제약·BT 산업 R&D 감소)을 제외하고는 모든 기대효과에 대해서 기업과 공공기관의 차이가 통계적으로 유의한 것으로 나타났다(p<0.05). 또한 유의한 차이를 보인 모든 문항에서 공공기관이 기업보다 선별등재제도 시행으로 인한 기대효과가 더욱 긍정적인 것으로 나타났다.

기업, 공공 모두 합한 전체는 5점 만점에 평균 2.58점으로 기대효과가 긍정적이지도, 부정적이지도 않았다. ①비용-효과성이 높은 의약품의 사용 장려, ③의약품 시장 개편 및 유통질서 확립 여건 조성, ⑥재평가 작업을 통한 의약품 사용의 합리성 제고, ②효율적 자원배분으로 약제비 절감/보험재정 건실화, ⑤효과·부작용 측면의 혁신성과 환자이익 가격 반영, ④의료서비스의 질적 수준 향상, ⑪특허기간 감소로 제약·BT 산업 R&D 감소, ⑨의사, 약사, 환자의 진료 및 의약품 선택폭 축소, ⑫사용량·약가연동제에 따른 기업 경영 자율성 침해, ⑧건강보험 단일시장에서 의약품 퇴장·재산권 침해, ⑩신규등재 진입 장벽 상승으로 신약개발 의지 축소, ⑦미등재 전문의약품 처방 시 환자 본인 부담 증가의 순서로 긍정적인 기대효과를 나타냈다. 이 중에서 ①번(비용-효과성이 높은 의약품의 사용 장려)이 가장 높은 3.25점으로 가장 긍정적으로 나타났는데 이는 선별등재제도의 도입이 경제성 평가를 통한 비용-효과성이 높은 의약품의 사용을 장려한다고 보았다. ⑦번(미등재 전문의약품 처방 시 환자 본인 부담 증가)이 1.88로 가장 낮은 점수로서 환자 본인의 부담이 증가할 것이라고 응답했다.

기업은 전체 5점 만점에 평균 2.29점으로 기대효과가 부정적인 쪽에 가까웠다. ③의약품 시장 개편 및 유통질서 확립 여건 조성, ①비용－효과성이 높은 의약품의 사용 장려, ⑥재평가 작업을 통한 의약품 사용의 합리성 제고, ②효율적 자원배분으로 약제비 절감/보험재정 건실화, ⑤효과・부작용 측면의 혁신성과 환자이익 가격 반영, ⑪특허기간 감소로 제약・BT 산업 R&D 감소, ④의료서비스의 질적 수준 향상, ⑨의사, 약사, 환자의 진료 및 의약품 선택폭 축소, ⑧건강보험 단일시장에서 의약품 퇴장・재산권 침해, ⑩신규등재 진입 장벽 상승으로 신약개발 의지 축소, ⑫사용량・약가연동제에 따른 기업 경영 자율성 침해, ⑦미등재 전문의약품 처방 시 환자 본인 부담 증가의 순서로 긍정적인 기대효과를 나타냈다. 이 중에서 ③번(의약품 시장 개편 및 유통질서 확립 여건 조성)이 가장 높은 2.93점으로 가장 긍정적으로 나타났는데 이는 선별등재제도의 도입으로 의약품 시장이 개편되고 유통질서 확립 여건이 조성된다고 보았다. ⑦번(미등재 전문의약품 처방 시 환자 본인 부담 증가)이 1.70의 가장 낮은 점수로서 환자 본인의 부담이 증가할 것이라고 응답했다.

공공에서는 전체 5점 만점에 평균 3.32점으로 기대효과가 긍정적인 쪽에 가까웠다. ①비용－효과성이 높은 의약품의 사용 장려, ②효율적 자원배분으로 약제비 절감/보험재정 건실화, ⑥재평가 작업을 통한 의약품 사용의 합리성 제고, ③의약품 시장 개편 및 유통질서 확립 여건 조성, ④의료서비스의 질적 수준 향상, ⑫사용량・약가연동제에 따른 기업 경영 자율성 침해, ⑤효과·부작용 측면의 혁신성과 환자이익 가격 반영. ⑧건강보험 단일시장에서 의약품 퇴장·재산권 침해. ⑩신규등재 진입 장벽 상승으로 신약개발 의지 축소. ⑨의사, 약사, 환자의 진료 및 의약품 선택폭 축소. ⑪특허기간 감소로 제약·BT 산업 R&D 감소. ⑦미등재 전문의약품 처방 시 환자 본인 부담 증가의 순서로 긍정적인 기대효과를 나타냈다. 이 중에서 ①비용-효과성이 높은 의약품의 사용 장려가 가장 높은 4.18점으로 가장 긍정적으로 나타났는데 이는 선별등재제도의 도입으로 경제성 평가를 통한 비용-효과성이 높은 의약품의 사용을 장려한다고 보았다. ⑦번(미등재 전문의약품 처방 시 환자 본인 부담 증가)이 2.35의 가장 낮은 점수로서 미등재 전문의약품 처방 시 환자 본인의 부담이 증가할 것이라고 응답했다.

2. 응답자의 기업특성별 선별등재제도 도입에 대한 인식 및 태도

기업 43명의 응답자만을 대상으로 선별등재제도 도입에 대한 찬반여부, 도입 시기, 그리고 도입으로 인한 기대효과 정도에 대해서 차이분석을 진행하였다.

먼저 응답 기업의 연간매출액 규모, 전문약 판매비율, 신약 R&D 비율, 주 업무 등에 따라서 선별등재제도 찬반 정도에 차이를 보이는지를 파악한 결과는 표 10과 같다.

표 10. 응답자의 기업특성별 선별등재제도 도입 찬반에
대한 인식 및 태도

변 수	구 분	전 체	찬 성	반 대	χ^2
연간매출액	100-500억 미만	14(100)	3(21.4)	11(78.6)	1.779
	500-1,000억 미만	11(100)	1(9.1)	10(90.9)	
	1,000-2,000억 미만	9(100)	2(22.2)	7(77.8)	
	2,000억 이상 미만	9(100)	3(33.3)	6(66.7)	
전문약 판매비율	70% 미만	11(100)	3(27.3)	8(72.7)	1.429
	70-90% 미만	17(100)	2(11.8)	15(88.2)	
	90% 이상	15(100)	4(26.7)	11(73.3)	
신약 R&D 비율	50% 미만	17(100)	3(17.6)	14(82.4)	1.600
	50-90% 미만	14(100)	2(14.3)	12(85.7)	
	90% 이상	12(100)	4(33.3)	8(66.7)	
주 업무	약 가	9(100)	0(0.0)	9(100)	7.608
	개 발	14(100)	3(21.4)	11(78.6)	
	신약 연구	5(100)	1(20.0)	4(80.0)	
	복제약 연구	5(100)	2(40.0)	3(60.0)	
	특 허	4(100)	0(0.0)	4(100.0)	
	기 타	6(100)	3(50.0)	3(50.0)	

* p<0.05 ** p<0.01 *** p<0.001

분석결과, 연간매출액의 경우 매출액이 높을수록 찬성비율이 다소 높아지는 경향을 보였다. 그러나 통계적으로 매출액에 따라서 찬성여부의 응답비율에 차이를 보이지는 않았다($p > 0.05$).

전문약 판매비율은 70-90% 미만 집단이 반대비율이 가장 높았으나, 역시 판매비율에 따라서 찬성여부의 응답비율에 통계적인 차이를 보이지는 않았다($p > 0.05$).

신약 R&D 비율에서는 R&D가 90% 이상인 기업에서 반대비율이 가장 낮게 나타났다. 하지만 통계적으로 유의한 차이는 아니었다($p > 0.05$).

주 업무에서는 '복제약 연구'와 '기타'업무를 하는 응답자의 반대비율이 상대적으로 낮았다. 그러나 이 역시 주 업무에 따라서 찬성여부의 응답비율에 차이를 보이지는 않았다($p > 0.05$).

이번에는 응답 기업의 특성(매출액 규모, 전문약 판매비율, 신약 R&D비율, 주 업무 등)에 따라서 선별등재제도 도입 시기에 차이를 보이는지를 파악한 결과는 표 11과 같다.

분석결과를 보면, 연간매출액의 경우 500-1,000억 원 미만, 1,000-2,000억 원 미만인 두 집단에서 '글로벌 경쟁력 구축 이후'라는 응답이 가장 높아 도입 시기를 가장 늦추자는 의견으로 볼 수 있다. 그러나 이러한 차이는 통계적으로 유의하지는 않았다($p > 0.05$).

전문약 판매비율에서는 비율이 70% 미만인 집단에서 '글로벌 경쟁력 구축 이후'에 다소 상대적으로 응답이 높았으나 역시 유의한 차이는 아니었다($p > 0.05$).

표 11. 응답자의 기업특성별 선별등재제도 도입 시기에 대한 인식 및 태도

변 수	구 분	전 체	현 재	경제성 평가 기반구축 이후	글로벌 경쟁력 구축 이후	기 타	χ^2
연간 매출액	100-500억 미만	14(100)	1(7.1)	4(28.6)	4(28.6)	5(35.7)	8.847
	500-1,000억 미만	11(100)	0(0.0)	4(36.4)	6(54.5)	1(9.1)	
	1,000-2,000억 미만	9(100)	0(0.0)	3(33.3)	5(55.6)	1(11.1)	
	2,000억 이상	9(100)	1(11.1)	4(44.4)	4(44.4)	0(0.0)	
전문약 판매비율	70% 미만	11(100)	1(9.1)	3(27.3)	6(54.5)	1(9.1)	3.523
	70-90% 미만	17(100)	1(5.9)	7(41.2)	7(41.2)	2(11.8)	
	90% 이상	15(100)	0(0.0)	5(33.3)	6(40.0)	4(26.7)	
신약 R&D 비율	50% 미만	17(100)	1(5.9)	6(35.3)	8(47.1)	2(11.8)	1.616
	50-90% 미만	14(100)	1(7.1)	4(28.6)	6(42.9)	3(21.4)	
	90% 이상	12(100)	0(0.0)	5(41.7)	5(41.7)	2(16.7)	
주 업무	약 가	9(100)	0(0.0)	4(44.4)	4(44.4)	1(11.1)	10.764
	개 발	14(100)	0(0.0)	5(35.7)	6(42.9)	3(21.4)	
	신약 연구	5(100)	0(0.0)	2(40.0)	2(40.0)	1(20.0)	
	복제약 연구	5(100)	1(20.0)	1(20.0)	3(60.0)	0(0.0)	
	특 허	4(100)	0(0.0)	2(50.0)	2(50.0)	0(0.0)	
	기 타	6(100)	1(16.7)	1(16.7)	2(33.3)	2(33.3)	

* p<0.05   ** p<0.01   *** p<0.001

신약 R&D 비율에서는 전반적으로 유사한 응답을 보이고 있어 R&D 비율에 따라서 도입 시기에 차이를 보인다고 볼 수 없었다 (p>0.05).

마지막으로 주 업무에서는 응답자의 업무에 따라 도입 시기 응답비율이 다소 차이를 보였으나, 그 비율이 높지는 않았으며, 역시 통계적으로 유의한 차이는 나타나지 않았다(p>0.05).

이어서 응답자의 기업특성에 따라서 선별등재제도 도입의 기대효과에 유의한 차이가 있는지를 파악하였으며, 일원배치 분산분석(ANOVA)을 통해 분석하였고, 유의한 차이가 나타나는 경우 Duncan의 사후검정을 통해 차이가 나는 집단의 구성을 살펴본 결과는 표 12와 같다.

표 12. 응답자의 기업특성별 선별등재제도 도입 기대효과에 대한 인식 및 태도

변수	구분	평균	기대①	기대②	기대③	기대④	기대⑤	기대⑥	기대⑦	기대⑧	기대⑨	기대⑩	기대⑪	기대⑫
연간 매출액	100-500억 미만	2.11^b	2.43	2.64	2.71	2.07^b	2.36	2.43^b	1.71	1.79^b	1.93	1.64	1.93	1.64
	500-1,000억 미만	2.14^b	2.73	2.27	2.64	2.18^b	2.00	2.45^b	1.55	1.73^b	1.73	1.91	2.55	2.00
	1,000-2,000억 미만	2.16^b	3.00	2.11	3.00	2.00^b	2.56	2.44^b	1.44	1.56^b	1.67	1.78	2.78	1.56
	2,000억 이상	2.91^a	3.67	3.22	3.56	3.11^a	3.11	3.67^a	2.11	2.56^a	2.67	2.33	2.56	2.33
	F-value	3.220^*	2.511	2.102	1.410	3.148^*	2.732	3.442^*	1.156	3.074^*	2.055	0.945	1.179	1.115
전문약 판매 비율	70% 미만	2.39	3.00	2.45	3.00	2.55^a	2.55	2.73	1.73^{ab}	1.91	2.18	2.27	2.45	1.91
	70-90 미만	2.40	3.12	2.76	3.12	2.65^a	2.47	2.88	2.06^a	1.88	1.82	1.82	2.47	1.71
	90% 이상	2.11	2.53	2.40	2.67	1.73^b	2.40	2.47	1.27^b	1.87	2.00	1.67	2.27	2.00
	F-value	0.792	1.134	0.514	0.663	4.772^*	0.074	0.560	4.168^*	0.008	0.413	1.281	0.132	0.312
신약 R&D 비율	50% 미만	2.25	2.82	2.65	2.76	2.47	2.29	2.65	1.82	1.71	1.94	1.71	2.47	1.71
	50-90% 미만	2.38	2.93	2.57	2.86	2.57	2.57	2.64	1.93	2.07	2.00	2.21	2.29	1.86
	90% 이상	2.26	2.92	2.42	3.25	1.75	2.58	2.83	1.25	1.92	2.00	1.75	2.42	2.08
	F-value	0.126	0.038	0.156	0.693	3.041	0.456	0.121	2.667	0.763	0.017	1.197	0.093	0.434

변수	구분	평균	기대①	기대②	기대③	기대④	기대⑤	기대⑥	기대⑦	기대⑧	기대⑨	기대⑩	기대⑪	기대⑫
주업무	약가	1.96	2.78	2.00	2.78	1.67^c	2.00	2.33	1.56	1.78	1.56	1.33^c	1.89	1.89
	개발	2.19	2.86	2.57	2.86	2.21^b	2.50	2.71	1.57	1.64	1.79	1.64^{bc}	2.21	1.71
	신약 연구	2.72	3.40	3.40	3.60	3.20^a	3.00	2.80	1.60	2.20	2.20	2.60^{ab}	2.80	1.80
	복제약 연구	2.85	3.20	2.60	3.60	3.00^a	2.80	3.00	2.00	2.20	2.60	3.20^a	3.40	2.60
	특허	2.10	2.75	2.25	2.50	2.50^b	2.00	2.75	2.00	2.00	1.75	1.25^c	2.00	1.50
	기타	2.34	2.50	2.83	2.50	2.00^c	2.67	2.83	1.83	2.00	2.50	2.00^{bc}	2.67	1.83
	F-value	1.546	0.416	1.285	1.061	2.868^*	1.185	0.275	0.370	0.575	1.235	5.081^*	1.478	0.608

우선 연간매출액에 따라서 기대효과에 차이가 있는지를 파악한 결과, 기대효과 ④번(의료서비스의 질적 수준 향상), 기대효과 ⑥번(재평가 작업을 통한 의약품 사용의 합리성 제고), 기대효과 ⑧번(건강보험 단일시장에서 의약품 퇴장·재산권 침해) 세 항목에서 통계적으로 유의한 차이가 나타났다(p<0.05). Duncan의 사후검정 결과, 유의한 차이를 보인 '의료서비스의 질적 수준 향상', '재평가 작업을 통한 의약품 사용의 합리성 제고', '보험 단일시장에서 의약품 퇴장·재산권 침해' 모두 매출액 2,000억 원 이상인 집단이 그보다 작은 기업에 비해서 기대효과를 더욱 긍정적으로 인식하고 있었다. 또한 유의한 차이를 보이지 않은 항목의 평균을 전반적으로 살펴보면, 역시 2,000억 원 이상인 기업들의 기대효과를 전반적으로 좋게 보고 있었다.

전문약 판매비율에 따른 기대효과 차이에서는 기대효과 ④번(의료서비스의 질적 수준 향상), 기대효과 ⑦번(미등재 전문의약품 처방 시 환자 본인 부담 증가) 등 두 항목에서 통계적으로 유의한 차이를 보였다(p<0.05). 세부적으로 보면 차이를 보인 두 항

목 모두 판매비율 70-90% 미만인 집단이 가장 긍정적 기대를 보이고 있었으며, 반면 90% 이상인 집단이 가장 기대효과가 낮았다.

신약 R&D 비율에 따른 차이를 본 결과, 모든 항목에서 유의한 차이가 나타나지 않았다($p > 0.05$). 이는 기업의 특성 중 신약 R&D 비율과 선별등재제도 도입의 기대효과와는 밀접한 관련이 없다는 것을 의미하는 결과로 볼 수 있다.

마지막으로 응답자의 주 업무에 따른 차이분석에서는 기대효과 ④번(의료서비스의 질적 수준 향상)과 기대효과 ⑩번(신규등재 진입 장벽 상승으로 신약개발 의지 축소) 두 항목에서 통계적으로 유의한 차이를 보였으며($p < 0.05$), 업무가 '신약 연구' 및 '복제약 연구'와 같이 연구개발에 종사하는 응답자들이 의료서비스의 질적 수준 향상과 신규등재 진입 장벽 상승으로 신약개발 의지가 축소되지 않을 것이라고 긍정적으로 본 반면, 약가, 특허, 기타 등의 종사자들은 가장 부정적인 입장을 보여 차이를 나타냈다.

3. 보험약가관리제도의 개선 의견

주관식 설문으로서 전체 60명 중 국내기업, 외자기업, 정부기관, 기타에서만 6명이 응답했고 벤처기업, 학교, 연구소에서는 무응답했다. 객관적인 결론을 도출하여 정리하기에는 응답자 수가 전체의 2.7%로서 다양한 의견이 제시되었기 때문에 기술상의 일관성이 부족하여 분석에서 제외하였다.

4. 가설 검증 결과

가설 검증 결과는 다음 표 13과 같다.

표 13. 가설 검증 결과

가설		검증 결과
가설1	공공은 기업에 비해서 선별등재제도의 도입을 찬성할 것이다.	**채택**
가설2	공공은 기업에 비해서 선별등재제도의 도입 시기에 있어서 신속한 도입을 찬성할 것이다.	**채택**
가설3	공공은 기업에 비해서 선별등재제도의 시행기반 문제점에 대해서 긍정적 의견을 표현할 것이다.	**기각**
가설4	공공은 기업에 비해서 시행규칙 개정을 통한 약가협상권 부여에 찬성할 것이다.	**채택**
가설5	공공은 기업에 비해서 선별등재제도 도입에 따른 기대효과에 대해서 긍정적 의견을 표현할 것이다.	**채택**
가설6	연간매출액이 높은 기업일수록 선별등재제도 도입에 찬성할 것이다.	**기각**
가설7	전문약 판매비율이 높은 기업일수록 선별등재제도 도입에 찬성할 것이다.	**기각**
가설8	신약 R&D 비율이 높은 기업일수록 선별등재제도 도입에 찬성할 것이다.	**기각**
가설9	주 업무가 연구개발인 응답자일수록 선별등재제도 도입에 찬성할 것이다.	**기각**
가설10	연간매출액이 높은 기업일수록 선별등재제도의 도입 시기를 현재로 하는 데 찬성할 것이다.	**기각**
가설11	전문약 판매비율이 높은 기업일수록 선별등재제도의 도입 시기를 현재로 하는 데 찬성할 것이다.	**기각**
가설12	신약 R&D 비율이 높은 기업일수록 선별등재제도의 도입 시기를 현재로 하는 데 찬성할 것이다.	**기각**

가설	검증 결과
가설13 주 업무가 연구개발인 응답자일수록 선별등재제도의 도입 시기를 현재로 하는 데 찬성할 것이다.	**기각**
가설14 연간매출액이 높은 기업일수록 선별등재제도 도입에 따른 기대효과에 대해서 긍정적 의견을 표현할 것이다.	**채택**
가설15 전문약 판매비율이 높은 기업일수록 선별등재제도 도입에 따른 기대효과에 대해서 긍정적 의견을 표현할 것이다.	**기각**
가설16 신약 R&D 비율이 높은 기업일수록 선별등재제도 도입에 따른 기대효과에 대해서 긍정적 의견을 표현할 것이다.	**기각**
가설17 주 업무가 연구개발인 응답자일수록 선별등재제도 도입에 따른 기대효과에 대해서 긍정적 의견을 표현할 것이다.	**채택**

Ⅴ 고 찰

2006년 5월 3일 보건복지부가 발표한 '국민건강보험 약제비 적정화 추진 방안' 가운데 보험등재방식을 선별등재제도로 전환하는 방안이 논란의 대상이 되었다. 의료에 대한 정부의 개입을 최소화하자는 제약회사는 선별등재제도 도입에 있어서 비판적인 입장에 서 있었다. 반면에 의료에 대한 정부의 적극적인 개입을 찬성하는 보험자(국민건강보험공단) 측은 지지의 입장에 서 있는 대조적인 양상을 보였다(5. 3 약제비 적정화 대책 정책 토론회, 2006). 선별등재제도가 갖고 있는 장단점에 대한 정확한 이해와 인식을 바탕으로 국민적인 합의 아래 이 제도의 도입이 이루어져야 함에도 불구하고 가치개재적인 차원에서 이러한 논쟁이 지속되고 있는 것으로 판단되었다.

이에 이 연구에서는 우리나라의 선별등재제도 도입 시 개선방안을 제시하고자 이해 관련 주체자를 대상으로 설문조사를 실시하였고 선별등재제도 도입 계획과 취지에 대한 각 이해 관련 주체자의 입장을 살펴보았다. Mrazek(2001)의 분류를 참고하되 제약 산업계에 미치는 선별등재제도의 도입의 인식 및 태도에 초점을 맞추어 구명하고자 정부 정책으로부터 직접적인 영향을 받는 주요 이해 관련 주체자를 각각의 이해 집단별로 세분화하지 않고 기업(국내제약회사, 외자제약회사, 벤처회사 담당자)과 공공(정부기관 전문가, 학교 전문가, 연구소 관계자, 유관 단체)으로만 대별하였다.

가설 설정 시 구분한 응답자 소속특성별 선별등재제도 도입에 대한 인식 및 태도, 응답자의 기업특성별 선별등재제도 도입에 대한 인식 및 태도 등으로 나누어 연구 결과를 분석하였다. 먼저 응답자 소속특성별 선별등재제도 도입에 대한 인식 및 태도에 대하여 분석한 결과, 기업과 공공의 선별등재제도의 도입 찬반여부는 공공이 기업과는 상반된 입장에서 도입을 찬성한 것으로 나타났다. 이는 보험자인 정부(보건복지부, 국민건강보험공단)가 이 제도의 도입을 약제비 관리 방안 연구보고서(2004)를 통해서 약제비 절감차원에서 처음 제안하였고, "우리나라의 선별등재제도의 도입을 늦추거나 무시한다면 그만큼 국민의 사회적인 부담이 늘어나게 되어 건강보험제도의 효율성은 떨어지게 될 것이다."라는 약제비 사용의 정당성에 대해서 보고한 내용을 통해서도 이미 예측할 수 있었던 설문조사 결과였다. 공공은 기업에 비해서 선별등재제도의 신속한 도입을 더 요구하고 있었지만 현재보다는 경제성 평가기반 구축 이후 도입을 찬성하였다. 기업도 같은 질문에 경제성 평가기반 구축 이후 도입에 2번째로 많은 응답을 하였다. 이 결과로 유추해 볼 때 본 제도의 경제성 평가 시행기반이 미구축되었음을 공공 입장에서도 인정하고 있다는 것을 알 수 있었다. 건강보험심사평가원(2005)의 연구에 의하면

"경제성 평가제도를 지금 당장 도입하기에는 경제성 평가 수행이 가능한 인력이 절대적으로 부족하고, 검토인력 역시 부족하기 때문에 당장 경제성 평가 결과 제출을 의무화하기보다는, 기존의 의사결정 시스템을 보완하는 차원에서 참고자료의 하나로 제출하게 하고, 자율적으로 실시하게 하여 기업이나 검토기관 모두 새로운 평가체계에 적응할 수 있는 충분한 기간을 두는 것이 필요하다."라고 지적하였다. 공공은 기업에 비해서 선별등재제도의 시행기반 문제점에 대해서 긍정적인 의견을 표현하지는 않았다. 즉 응답자 및 기관 특성에 따라서 이러한 문제점에 유의한 차이 없이 전체 응답과 유사한 문제점을 지적하고 있었다. 이는 건강보험심사평가원(2005)의 연구 결과인 제도적인 시행기반은 어느 정도 갖춰져 있으나 반면에 인적(기업과 공공의 평가인력과 검토인력 부족 외), 조직적(공공의 전문성 부족 외) 시행기반 등에 문제가 있다는 포괄적인 분석결과와 일치하고 있었다. 공공은 기업에 비해서 시행규칙 개정을 통한 약가협상권 부여에는 찬성하고 있었다. 한국보건사회연구원(2005)에서는 선별등재제도 도입 시 보험자의 협상력이 강화되어 보험약품에 대한 급여정책을 보다 유리한 방향으로 시행할 수 있고, 보험의약품 관리업무의 효율성을 증대할 수 있다고 하였다. 그러나 의외로 공공의 경우에도 33.3%만이 찬성함으로써 공공과 기업 전체적으로는 16.7%만이 찬성하는 데 그쳤다. 이러한 공공 응답자들의 엇갈린 설문응답결과와 반대 입장에 있는 전문가들의 견해로 미루어 볼 때 우리나라의 시행규칙 개정을 통한 약가협상권 부여에 대한 명확한 과학적인 근거가 없는 현실에서의 파급효과를 각 이해 당사자의 주관적인 판단 하에 응답한 것으로 해석되었다. 문헌고찰을 통한 국내외 전문가들의 견해는 다음과 같다. Drummond 등(1997)은 선별등재제도 실시 아래에서 경제성 평가는 의약품 가격 결정 및 비용 상황 결정에서 신약의 가치를 평가하는 중심적인 역할을 할 뿐이지 가격 결정을 하는 것이 아니라는 것을 지적 강조하였다. 또한 "Mrazek 등의 분류를 따르면 우리나라의 약제비 적정화 방안의 핵심은 직접적 수단을 동원한 약가 규제로 볼 수 있다."는 이형기(2006)의 연구 결과와 경제학적인 측면에서 살펴볼 때는 가장 강력한 규제수단의 하나라고 발표한 이규식(2006)의 연구 결과가 있었다.

기업과 공공여부를 독립변수로 하고 기대효과를 종속변수로 하여 t-test를 한 결과, 기대효과 12개 항목 중 특허기간 감소로 제약·BT 산업 R&D가 감소한다는 항목을 제외하고는 11개 항목에서 공공이 기업보다 선별등재제도 시행효과에 대한 기대가 더욱 긍정적인 것으로 나타났다. 긍정적인 문항에서는 공공의 경우에 비용-효과성이 높은 의약품의 사용 장려를 최우선으로 응답하였다. 선별등재제도의 도입취지인 효율적 자원배분으로 약제비 절감/보험재정의 건실화, 유통질서 확립 여건 조성, 환자들에 대한 합리적인 처방 유도(국민건강보험공단, 2006)보다도 우선하였다. 이는 "보험의약품의 급여 여부 결정이나 가격 결정 과정에서 경제성 평가제도를 활용한다고 했을 때 약물 이용의 합리성을 제고할 수 있다."라는 건강보험심사평가원(2005)의 연구보고와 무관하지 않음을 알 수 있었다. 부정적인 문항에서는 공공과 기업 모두 다 미등재 전문의약품 처방 시 환자 본인의 부담이 증가할 것이라는 데 의견이 일치했다. 한편 선별등재제도의 도입 취지에 대한 응답을 살펴보았다. 모두 다 긍정적인 문항에 대한 응답이었다. 공공은 효율적 자원배분으로 약제비 절감/보험재정 건실화, 의약품 시장 개편 및 유통질서 확립 여건 조성, 의료서비스의 질적 수준 향상 순으로 응답하였다. 반면에 기업은 의약품 시장 개편 및 유통질서 확립 여건 조성, 효율적 자원배분으로 약제비 절감 및 보험재정 건실화, 의료서비스의 질적 수준 향상 순으로 응답하였다. 따라서 공공과 기업은 상반된 태도와 인식을 하고 있음을 알 수 있었다. 기업의 입장에서만 살펴본다면 현행 포괄등재제도에서 선별등재제도로 전환하는 목적이 약제비 절감 필요성의 위기감 때문이라는 정부 발표에는 다음과 같은 문제점 이 제기될 수도 있음을 알 수 있었다. 선별등재제도는 각 국가 의료보장제도와 결부되어 효과가 나타나기 때문에 선별등재제도 에 대한 실증적인 효과를 입증하기도 어렵고, 약제비가 절감되는 국가도 있으나 그렇지 못한 국가도 있었다(이규식, 2006; 한국제 약협회 2006). 또한 총 약제비의 지출은 가격과 소비량의 함수이 기 때문에 약가 규제를 실시하는 나라에서 약제비 지출이 감소 된다고 볼 수도 없었다(Ess 등, 2003).

이어서 응답자의 기업특성별 선별등재제도 도입에 대한 인식 및 태도에 대하여 분석한 결과, 선별등재제도의 도입 찬반에 있 어서 연간매출액이 높을수록 찬성비율이 다소 높아지는 경향을 보였을 뿐이지 비례하지는 않았다. 전문약 판매비율과 신약 R&D 비율도 마찬가지로 찬성비율과 비례하지는 않았다. 주 업무가 연구개발인 응답자도 상대적으로 찬성비율이 경미하게 높을 뿐이었다. 이상 4가지의 경우에 응답자 대부분이 선별등재제도의 도입을 반대하는 입장을 명확하게 나타내었다. 이는 이미 앞서 검증된 응답자 소속특성별 선별등재제도 도입에 있어서 공공이 기업과는 상반된 입장에서 도입을 찬성한다는 분석결과로 볼 때도 기업입장에서 반대 입장을 보이고 있는 것은 당연한 분석결과였다. 선별등재제도의 도입 시기에 있어서 연간매출액과 전문약 판매비율 그리고 신약 R&D 비율이 높을수록, 응답자 주 업무가 연구개발일수록 현재 도입하는 것을 원하고 있는 것은 아니었다. 이는 이미 앞서 검증된 응답자 소속특성별 선별등재제도 도입에 있어서 공공이 기업과는 상반된 입장에서 선별등재제도의 신속한 도입을 더 요구하고 있다는 분석결과로 볼 때도 기업 입장에서 현재 도입의 반대 입장은 당연한 분석결과였다. 연간매출액이 높은 기업일수록 선별등재제도의 도입을 찬성하지 않고 있으며, 현재 도입하는 것을 원하고 있지 않다는 가설 6과 가설 10의 검증 결과와 대비하여 선별등재제도 도입의 기대효과에 있어서는 연간매출액이 2,000억 원 이상인 기업이 그보다 작은 기업에 비해서 기대효과를 더욱 긍정적으로 인식하고 있었다. 유의한 차이를 보이지 않은 항목의 평균을 전반적으로 살펴본 결과 역시 2,000억 원 이상인 기업들이 기대효과를 전반적으로 좋게 보고 있었다. 이는 기대효과에 대한 긍정적인 인식에 비해서 현실적으로는 선별등재제도 도입과 도입 시기에 대한 심한 우려를 나타내고 있음을 판단할 수 있었다. 전문약 판매비율이 높은 기업일수록 선별등재제도의 도입을 찬성하지는 않고 있으며, 현재 도입하는 것도 원하고 있지 않다는 가설 7과 가설 11의 검증 결과와 대비하여 선별등재제도 도입의 기대효과에 있어서도 전문약 판매비율이 높은 기업일수록 긍정적인 의견을 표현하지는 않았다. 이는 현실적으로 선별등재제도 도입과 도입 시기, 기대효과에 대한 심한 우려를 나타내고 있음을 판단할 수 있었다. 신약 R&D 비율이 높은 기업일수록 선별등재제도의 도입을 찬성하지는 않고 있으며, 현재 도입하는 것도 원하고 있지 않다는 가설 8과 가설 12의 검증 결과와 대비하여 선별등재제도 도입의 기대효과에 있어서도 신약 R&D 비율이 높은 기업일수록 긍정적인 의견을 표현하지는 않았다. 오히려 신약 R&D 비율이 90% 이상인 기업보다 50~90%인 기업들이 기대효과에 대해서 긍정적으로 보고 있었다. 이는 현실적으로 선별등재제도 도입과 도입 시기, 기대효과에 대한 심한 우려를 나타내고 있음을 판단할 수 있었다. 한편 "연구개발 중심기업은 투자의욕을 고취시킬 수 있는 반면에 연구개발 능력이 떨어지는 기업은 도산 가능성으로 인해서 선별등재제도의 도입에 저항이 예상되어진다."라는 한국보건사회연구원 등(2005)의 연구 결과와는 일치하지 않았다. 이는 신약 R&D 비율이 높은 기업이라고 할지라도 현재 글로벌 신약을 창출할 수 있는 기업이 아직 없기 때문에 새로운 제도의 도입에 대해서 불안감을 갖고 있는 것으로 해석할 수 있었다. 또한 1987년도 물질특허제도 도입에 대비하여 신약 연구개발을 시작한 우리나라 제약 기업의 글로벌 산업경쟁력 측면에서는 아직도 태동기에 불과함을 반증해 주고 있었다. 따라서 미성숙된 우리나라의 신약 연구개발이 보건산업 전반에 미치는 파급효과를 인식하고 이에 걸맞은 신약 연구개발 촉진정책 수립의 이론적인 근거 아래 제약 기업에 주어지는 인센티브를 혁신적인 투자와 연계시키는 보험약가관리정책으로 개선할 시점에 와 있다고 판단되었다. 주 업무가 연구개발인 응답자일수록 선별등재제도의 도입을 찬성하지 않고 있으며, 현재 도입하는 것을 원하고 있지 않다는 가설 9와 가설 13의 검증 결과와 대비하여 선별등재제도 도입의 기대효과에 있어서는 주 업무가 '신약 연구' 및 '복제약 연구'와 같이 연구개발에 종사하는 응답자들이 의료서비스의 질적 수준 향상과 신규등재 진입 장벽 상승으로 신약개발 의지가 축소되지 않을 것이라고 긍정적으로 보았다. 반면에 약가, 특허, 기타 등의 종사자들은 가장 부정적인 입장을 보여 심한 입장 차이를 나타냈다. 이는 선별등재제도 도입이 기업입장에서 보면 오히려 보험등재 장벽이 높아지는 결과를 가져오게 될 것으로 예측한 한국보건사회연구원 등(2005)의 연구 결과와 일치하고 있었다. 기업규모가 큰 기업은 혁신적인 의약품 개발 등 미래 지향적인 투자의욕을 고취시킬 수 있는 반면에 규모가 작은 기업은 도산 가능성으로 인해서 선별등재제도의 도입에 저항이 예상되었다. 장기적으로 보면 경제성 평가자료 제출이라는 국내시장에서의 진입 장벽이 글로벌 시장에서 국내기업의 경쟁력을 높일

수 있는 간접적인 수단이 될 수 있을 것이라는 건강보험심사평가원(2005)의 연구 결과와도 무관하지 않은 것으로 보였다. 이는 기대효과에 대한 긍정적인 인식에 비해서 현실적으로는 선별등재제도 도입과 도입 시기에 대한 심한 우려를 나타내고 있음을 판단할 수 있었다.

한편 기업과 공공의 과반수의 응답자가 도입 시 대안으로 기업은 유예기간 재검토를, 공공은 시범사업 후 결정을, 미도입 시 대안으로 기업과 공공 모두 보험등재 품목 수 감축을 원하고 있었다. 이러한 조사결과는 선별등재제도 도입에 따른 경제성 평가제도를 지금 당장 도입하기보다 2년여의 유예기간이 필요하다고 지적한 건강보험심사평가원(2005)의 연구내용과 부합하였다.

그러나 이 연구는 다음과 같은 제한점을 지니고 있으므로 신중한 해석이 필요하다. 첫째, 실행을 목전에 두고 있는 정책적인 초미의 관심사였기 때문에 정책적인 판단이나 구체적인 정책대안의 제시보다는 설문응답 결과에 의존한 객관적인 사실만을 중심으로 고찰하고 구명해야 하는 애로점이 있었다. 둘째, 선별등재제도 도입에 대한 이해 관련 주체자의 인식과 태도에 직접적으로 연관된 외국의 선행연구가 없었기 때문에 비교분석에 애로가 많았다. 국내 선행연구는 이해 관련 주체자 중 보험자 입장의 관련 연구보고서에 주로 의존하였다. 또한 국내외 관련 논문들이 보험약가관리제도와 연관된 주제였기 때문에 선별등재제도 도입에 대한 이해 관련 주체자들의 태도 및 인식에 대한 포괄적이고 전문적인 분석이 불충분할 수밖에 없었다. 셋째, 본 연구에서 사용된 표본의 수가 적었으므로 기업특성별 선별등재제도 도입에 대한 태도 및 의견에 대하여 유의한 값이 안 나온 결과 중에서 일부는 직접적인 요인이 아닌 간접적인 요인으로서만 작용 했을 가능성을 배제할 수 없었다. 또한 설문 회신율이 27.3%로서 본 설문에 응하지 않은 각 이해 관련 주체자로 인해서 무응답편의 (Non-Response Bias)가 발생할 가능성이 내포되어 있었다. 넷째, 자기기입식으로 이루어진 설문조사였기 때문에 설문문항을 이해 하는 과정에서 응답자들의 주관성이 개입되었을 가능성을 완전 히 배제할 수는 없었다.

따라서 이러한 연구의 제한점을 극복하기 위해서는 첫째, 이 연구의 목적인 선별등재제도의 국내도입의 문제점에 대한 단순한 개선방안의 제시에서 진일보해야 한다. 새로운 연구 방법과 연구 분석틀의 개발을 통해서 구체적인 정책대안을 도출할 수 있어야 할 것이다. 둘째, 선별등재제도의 장점을 살려나갈 수 있는 연구 도 필요할 것이다. 보험자와 피보험자, 약제비 절감과 제약 산업 의 육성이라는 상충적인 현실을 심도 있게 고찰 및 분석하고 구 명해야 할 것이다. 이 연구에서 도출된 기업과 공공의 공통된 인 식 및 태도를 제외하고 통계적으로 유의한 차이를 보였던 설문항 목들의 개선방안을 정책 환류 과정에서 지속적으로 하나하나 구 명해야 할 것이다. 셋째, 일반적으로 국가는 의약품의 수요를 감 소시키기 위하여 보험약가관리제도를 규제 정책으로 시행하게 된 다. 선별등재제도가 보험재정의 수급 균형을 유지하기 위한 수단 으로만 운용된다면 제약 기업들이 재투자를 통한 혁신적인 의약품의 연구개발에 적극 나서지 못하게 될 것이다.

결국에는 제약 산업의 글로벌 경쟁력 상실로 이어질 수밖에 없을 것이다. 보건정책과 제약산업정책의 양면에 있어서 정책적인 형평성(Equity)이 충분하게 반영될 수 있는 근거(Evidence)를 마련해야 할 것이다. 넷째, 의약품정책, 보건의료체계, 총 의료비 규모 등이 선진국과 상이한 우리나라에서는 혁신적인 의약품의 연구개발에 대한 유인책(Incentive)을 확대해 나가야 할 것이다. 글로벌 제약 산업의 경쟁력 제고를 위한 보험약가관리제도의 보완정책 (Supplementary Policy) 연구를 생각해 볼 수 있을 것이다.

Ⅵ 결 론

이 연구를 통해서 선별등재제도의 국내도입의 문제점에 대한 개선방안을 제시하고자 하였다. 이를 위해서 기업과 공공으로 구분된 이해 관련 주체자의 우리나라의 선별등재제도 도입에 대한 인식 및 태도를 조사하고 분석하여 연구가설에 의거 검증하고 분석 구명하였다.

우선 이해 관련 주체자인 제약업계, 정부기관, 대학교, 연구소, 관련단체, 관계전문가를 대상으로 설문조사를 실시하였다. 설문 내용은 근무처 및 응답자 관련사항, 선별등재제도 도입 시기, 선별등재제도 시행에 따른 기대효과, 선별등재제도 시행기반, 선별등재제도 도입여부에 따른 대안, 신약개발경쟁력 제고를 위한 보험약가관리제도 개선방안을 측정하는 여섯 개 항목으로 구성하였으며 기대효과는 5점 척도로 측정하였다. 각 이론변수 간의 관계를 검증하기 위하여 교차분석, χ^2검정, t-test, 차이분석, 일원배치 분산분석, Duncan의 사후검정, 역산처리를 하였다.

응답자의 소속특성별 선별등재제도 도입에 대한 인식 및 태도에 대해서 분석한 결과, 공공은 기업에 비해서 선별등재제도의 도입을 찬성하는 것으로 나타났다. 기업은 79.1%가 반대한 반면, 공공은 82.4%가 찬성하여 입장 차이가 명확하였다. 공공은 기업에 비해서 선별등재제도의 신속한 도입을 요구하였지만 경제성 평가기반 구축 이후(41.2%)에 현재(35.3%)보다 더 많이 응답하였다. 공공은 기업에 비해서 시행규칙 개정을 통한 약가협상권 부여에 찬성하였다. 기업의 대부분인 90.7%가 반대한 반면에 공공은 64.7%만 반대하였다. 공공은 기업에 비해서 선별등재제도 도입에 따른 기대효과에 대해서 긍정적인 의견을 표현하였다. 5점 만점에 공공은 평균 3.32점으로 기대효과는 전체적으로 긍정적인 쪽에 가까웠다. 선별등재제도의 도입으로 경제성 평가를 통한 비용-효과성이 높은 의약품의 사용을 장려하는지에 대한 인식은 가장 높은 4.18점이었다. 기업은 평균 2.29점으로 기대효과가 전체적으로 부정적인 쪽에 가까웠다. 선별등재제도의 도입으로 의약품 시장이 개편되고 유통질서 확립 여건이 조성되는지에 대한 인식이 가장 높은 2.93점을 나타내었다.

이어서 응답자의 기업특성별 선별등재제도 도입에 대한 인식 및 태도에 대하여 분석한 결과, 선별등재제도의 도입 찬반에 있어서 연간매출액이 높을수록 찬성비율이 다소 높아지는 경향을 보였을 뿐이지 비례해서 증가하지는 않았다. 전문약 판매비율과 신약 연구개발(R&D) 비율도 마찬가지로 찬성비율과 비례하지는 않았다. 주 업무가 연구개발인 응답자도 상대적으로 찬성비율이 경미하게 높을 뿐이었다. 선별등재제도의 도입 시기에 있어서 연간매출액과 전문약 판매비율 그리고 신약 연구개발 비율이 높을수록, 응답자 주 업무가 연구개발일수록 현재에 도입하는 것을 원하고 있지 않았다. 연간매출액이 높은 기업일수록 기대효과에 대해서는 긍정적인 인식을 갖고 있었다. 전문약 판매비율과 신약 연구개발 비율이 높다고 기대효과에 있어서 긍정적인 의견을 표현하지는 않았다. 신약 연구개발 비율이 높은 기업이라고 할지라도 글로벌 신약을 창출할 수 있는 기업이 아직 없기 때문에 새로운 제도의 도입과 조기 도입에 대해서 불안감을 갖고 있는 것으로 해석할 수 있었다. 기업규모가 큰 기업은 혁신적인 의약품 개발 등 미래 지향적인 투자의욕을 고취시킬 수 있는 긍정적인 측면을 생각해 볼 수도 있는 반면에 규모가 작은 기업은 회사경영상의 어려움으로 인해서 선별등재제도의 도입에 저항이 확연하게 예상되는 등 부정적인 측면이 있었다. 주 업무가 신약 연구 및 복제약 연구와 같이 연구개발에 종사하는 응답자들이 의료서비스의 질적 수준 향상과 신규등재 진입 장벽 상승으로 신약개발 의지가 축소되지는 않을 것이라고 긍정적으로 보았다. 그러나 약가, 특허, 기타 등의 종사자들은 가장 부정적인 입장을 보여 상반된 입장 차이를 나타내기도 하였다.

이 연구는 보험약가관리제도의 구성상 첫 번째 단계인 의약품 보험등재 결정의 수단이 되는 선별등재제도를 우리나라에 도입하는 정책과정에서 처음으로 이해 관련 주체자인 공공과 기업의 인식과 태도를 조사하고 분석 구명한 연구이다. 우리나라의 보험약가관리정책을 체계적으로 추진하기 위한 중요한 기초 자료로서 참고가 될 것으로 판단된다.

향후 새로운 연구 방법과 연구분석틀의 개발을 통해서 구체적인 정책대안을 도출할 수 있는 후속연구로 이어져야 할 것이다. 보험약가관리정책 수립 시 보건정책과 제약 산업 정책의 양면에 있어서 정책적인 형평성이 충분하게 반영될 수 있는 근거를 마련해야 할 것이다. 선별등재제도의 장점을 살려나갈 수 있는 연구도 필요할 것이다. 이 연구에서 도출된 기업과 공공의 공통된 인식 및 태도를 제외하고 통계적으로 유의한 차이를 보였던 설문항목들의 개선방안을 정책 환류 과정에서 지속적으로 하나하나 구명해야 할 것이다. 선진국과 의약품정책, 보건의료체계, 총 의료비 규모 등이 상이한 우리나라에서는 혁신적인 의약품의 연구개발에 대한 유인책을 확대해 나가야 할 것이다. 글로벌 제약 산업의 경쟁력 제고를 위한 보험약가관리제도의 보완정책 연구를 생각해 볼 수 있을 것이다.

참고문헌

건강보험심사평가원. 의약품 보험급여제도에서 경제성 평가자료
　　의 활용방안 및 평가지침 개발. 2005.

국민건강보험공단 건강보험연구센터. 건강보험재정안정화를 위한
　　보험약가관리 개선방안. 2002.

국민건강보험공단 건강보험연구센터. 외국의 보험약가관리제도. 2002.

국민건강보험공단, 서울대학교보건대학원. 약제비 관리 방안 연
　　구. 2004.

국민건강보험공단. 합리적 약제비 관리 방안 연구 - 의약품 가격
　　-수량 연동제도 도입 방안. 2005.

라인하르트 부세(Reinhard Busse). 의약품 선별등재와 유사 규
　　정: 의약품 급여에 대한 비교평가, 제2회 외국 석학 Elias
　　Mossialos and Reinhard Buesse 교수 초청 강연회 자료
　　집: 2006. 6. 8: 서울: 국민건강보험공단: 2006.

박재현. 우리나라 의약품 보험등재 및 약가 결정제도의 평가:
　　우리나라와 호주의 비교를 중심으로. 서울대학교 보건대
　　학원 석사학위 논문. 2004.

이규식. 약제비 적정화 방안에 대한 평가. 5. 3 약제비 적정화 대
　　책 정책토론회 자료집: 2006. 9. 18: 서울: 건강복지사회

를 여는 모임: 2006.

이규식, 정형선. 선진국의 약가정책 고찰을 통한 건강보험 약가
제도의 개선방안. 한국병원경영학회지 2003: 8(1)

이형기. 의약품 개발의 규제와 경쟁. 보건정책연구회 제2차 토론
회 자료집: 2005. 6. 24: 서울: 보건정책연구회: 2005.

한국보건사회연구원, 보건복지부. 선별목록(Positive List) 중심의
보험의약품 등재관리제도 개선방안 연구. 2004.

한국보건사회연구원. 신의료기술 등의 경제성 평가 및 활용을 위
한 정책 방안: 의약품을 중심으로. 2005.

한국보건사회연구원. 의약분업 전후의 약제비 변동요인 분석 및
정책과제. 2001.

한국제약협회. 정부의 선별등재(Positive List)제도로의 보험등
재방식 전환에 대한 우리의 입장. 건의자료. 2006. 8. 1.

Danzon PM, Ketcham JD. Reference pricing of pharmaceuticals
for medicare: evidence from Germany, The Netherlands,
and New Zealand. Front Health Policy Res 2004: 7:
1-54. Review.

Drummond M, Jonsson B, Rutten F. The role of economic
evaluation in the pricing and reimbursement of medicines.
Health Policy 1997 Jun: 40(3): 199-215.

Drummond M, Dubois D, Garattini L, Horisberger B, Jonsson B,
Kristiansen IS, et al. Current trends in the use of

pharmacoeconomics and outcomes research in europe. Value in Health 1999; 2(5): 323-332.

Ess SM, Schneeweiss S, Szucs TD. European healthcare policies for controlling drug expenditure. Pharmacoeconomics. 2003; 21(2): 89-103.

Grabowski HG, Vernon JM. Returns to R&D on new drug introductions in the 1980s. J Health Econ 1994 Dec; 13(4): 383-406. Review.

Le Pen C. Drug pricing and reimbursement in France Towards a new model?. Pharmacoeconomics 1996; 10 Suppl 2: 26-36.

Le Pen C. The drug budget silo mentality: the French case, Value in Health 2003; 6 Suppl 1: 10-19.

Mrazek MF. Comparative approaches to pharmaceutical price regulation in the european union. CMJ 2002; 43(4): 453-461.

Mrazek MF. The impact of different regulatory frameworks on the post-patent pharmaceutical market of the United Kingdom, United States and Germany, 1990 to 1997 [dissertation]. London: London School of Economics and Political Science; 2001.

OECD Health Data 2006 June.

Schwermann T, Greiner W, Schulenburg vd JM. Using disease management and market reforms to address the adverse economic effects of drug budgets and price and reimbursement regulations in germany. Value in Health 2003; 6 Suppl 1: 20-30.

Thomas LG 3rd. Price regulation, industry structure and innovation: an international comparison of pharmaceutical industries. Pharmaco-economics 1992; 1 Suppl 1: 9-12.

Vernon JA. Examining the link between price regulation and pharmaceutical R&D investment. Health Econ 2005 Jan; 14: 1-16.

Vogel RJ. Pharmaceutical patents and price controls. Clin Ther 2002 Jul; 24(7): 1204-1222; discussion 1202-1203.

•저자•

여재천
(余載天)

1962년 10월 22일생(46세)
강원도 춘천 생

•직 장
현 한국신약개발연구조합 사무국장 / 이사

•학 력
1981. 2 숭실고등학교 졸업
1985. 2 중앙대학교 공과대학 화학공학과 졸업(공학사)
2007. 2 연세대학교 보건대학원 보건정책관리학과 졸업(보건학석사)

•포 상
2006. 3. 15 산업자원부장관 표창(상공의 날 모범관리자)
2003. 10. 10 식품의약품안전청장 표창(약업발전 및 약학발전 기여)
2003. 2. 24 보건복지부장관 표창(오송국제바이오엑스포 유공자)
2001. 12. 19 전경련 제4회 산업협력대회 개인 포상
          (산·학·연·관 협력 공헌)
   ○ Marquis Who's Who in Medicine and Healthcare 2006-2007 등재
   ○ Marquis Who's Who in Asia 2007 등재

•학회 활동
현 대한약학회 집행위원
현 한국약제학회 학술위원
현 한국마케팅과학회 부회장

•전문가 활동
현 보건복지부 의약품산업발전협의회 위원
현 보건복지부 중앙약사심의위원회 분과위원
현 산업자원부 산업기술개발사업 전문평가위원
현 과학기술부 생명공학연구정책센터 전문위원
현 과학기술부 과학기술사모투자전문회사 투자 심사위원
현 과학기술부 국가차세대성장동력사업 바이오신약장기사업단 자문위원
현 한국산업기술연구조합협의회 이사
현 의약품중간체 및 원료의약품개발연구회 부회장
현 한국신약개발연구조합 RA 전문연구회 간사
2000-2001 보건복지부 신약개발자금심의위원
2001 국무총리 보건의료발전특별위원회 약업발전전문위원
2006 산업자원부 2015 산업발전 비전과 전략 바이오산업위원
2006 과학기술부 제2차 생명공학육성기본계획(2007-2016) 수립 총괄위원
2006 대통령자문 의료산업선진화위원회 비임상·임상연구 인프라 확충
     워킹그룹/ 의료R&D 지원체계 개선 워킹그룹/ 의약품정보 워킹그
     룹 위원

• 주요논저 •

○ 과학기술부 중간핵심기술개발기획 "제조기술혁신 의약품 고급화"
연구보고서(1994. 3 연구원 공저)
○ 산업자원부 중기거점기술개발기획사업 "광학활성물질 의약품 중간체 및
원제 생산기술개발" 연구 보고서(1997. 11. 선임연구원 공저)
○ 보건복지부 보건의료기술개발사업 "의약품 특허정보관리시스템 구축 및
DB화 연구보고서(1999. 4. 선임연구원 공저)
○ 산업자원부 차세대기술개발기획"간암 및 간질환 치료제기술개발"
연구보고서(1999. 6. 책임연구원 공저)
○ 보건복지부 보건의료기술개발사업 "신의약개발을 위한 효능검색 시스템
구축에 관한 국제협력연구" 연구보고서 (2000. 4. 책임연구원 공저)
○ 산업자원부 생리활성정밀화학기술로드맵기획 연구보고서
(2002. 7. 전문위원 공저)
○ 과학기술부 국가기술로드맵(NTRM) 제제화기술 연구보고서
(2002. 12. 책임연구원 공저)
○ 산업자원부 탄수화물의약품소재개발 기반구축 위탁용역사업
(2003. 3 총괄연구책임자)
○ 과학기술부 중점국가연구개발사업 "신약제품화사업"
(2003. 5. 사업단 책임연구원)
○ 식품의약품안전청 원료의약품산업지원육성 및 수출지원방안에 관한
연구보고서(2003. 11. 책임연구원 공저)
○ 산업자원부 유전자치료제 산업기술로드맵기획 연구보고서
(2004. 5. 전문위원 공저)
○ 산업자원부 차세대 난치성 및 만성질환 치료용 합성의약품 기술개발의
산업분석 최종보고서(2004. 6. 기술기획위원 공저)
○ 산업자원부 Glycomics를 이용한 차세대 의약품 대량생산기술개발에
관한 산업분석 최종보고서(2005. 6. 기술기획위원 공저)
○ 산업자원부 거시적 RED-BT TRM 작성과 우리기업의 RED-BT
경쟁력방안 제고 기획최종보고서(2005. 8. 기술기획위원 공저) 외 다수
○ 제약산업의 산·학·연 협력에 관한 실태조사: 제약회사 부문
위탁용역사업(2006. 9. 연구책임자)
○ 산업자원부 산업혁신기술개발사업-성장동력기술개발사업 난용성
약물제어 약물전달시스템 개발 기획최종보고서(2006. 3. 기술기획위원
공저)
○ 산업자원부 산업혁신기술개발사업-성장동력기술개발사업 표적지향성
유전자치료제 개발 기획최종보고서(2006. 3. 기술기획위원 공저)
○ 산업자원부 산업혁신기술개발사업-성장동력기술개발사업 면역 및
대사결손질환 단백질치료제 기술개발 기획최종보고서
(2006. 3. 기술기획위원 공저)

본 도서는 한국학술정보(주)와 저작자 간에 전송권 및 출판권 계약이 체결된 도서로서, 당사와의 계약에 의해 이 도서를 구매한 도서관은 대학(동일 캠퍼스) 내에서 정당한 이용권자(재적학생 및 교직원)에게 전송할 수 있는 권리를 보유하게 됩니다. 그러나 다른 지역으로의 전송과 정당한 이용권자 이외의 이용은 금지되어 있습니다.

선별등재제도 도입에 대한
이해 관련 주체자의
인식 및 태도 분석

• 초판 인쇄	2007년 6월 5일
• 초판 발행	2007년 6월 5일
• 지 은 이	여재천
• 펴 낸 이	채종준
• 펴 낸 곳	한국학술정보㈜
	경기도 파주시 교하읍 문발리 526-2
	파주출판문화정보산업단지
	전화 031) 908-3181(대표) · 팩스 031) 908-3189
	홈페이지 http://www.kstudy.com
	e-mail(출판사업부) publish@kstudy.com
• 등 록	제일산-115호(2000. 6. 19)
• 가 격	6,000원

ISBN 978-89-534-6863-4 93510 (Paper Book)
　　　978-89-534-6864-1 98510 (e-Book)